BIBLIOTHÈQUE D'HISTOIRE DE L'ART

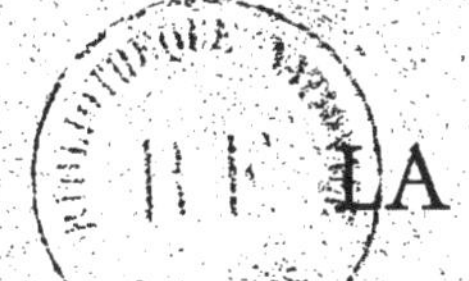

LA PEINTURE ESPAGNOLE DEPUIS LES ORIGINES JUSQU'AU DÉBUT DU XIXe SIÈCLE

PAR

PIERRE PARIS
MEMBRE DE L'INSTITUT,
DIRECTEUR DE LA « CASA VELÁZQUEZ »

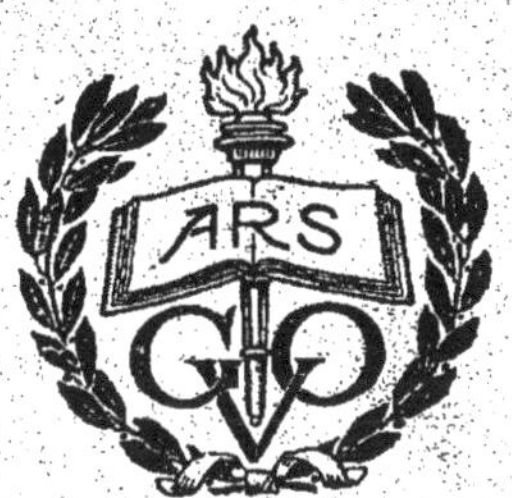

PARIS ET BRUXELLES
LES ÉDITIONS G. VAN OEST
1928

LA PEINTURE ESPAGNOLE

Volumes parus dans la même collection :

L'Art Égyptien, par Charles BOREUX.
Les Arts Musulmans, par Gaston MIGEON.
La Peinture des Vases Grecs, par Georges NICOLE.
La Sculpture Française du Moyen Age et de la Renaissance, par Marcel AUBERT.
La Peinture Hollandaise, par Mme Cl. BRIÈRE-MISME.
La Sculpture Italienne, par Charles MARCEL-REYMOND.
L'Art Chrétien primitif et l'Art Byzantin, par Charles DIEHL, de l'Institut.
L'Art de l'Asie Occidentale ancienne, par Georges CONTENAU.
La Peinture Française du Moyen Age et de la Renaissance, par Louis GILLET.
L'Architecture Italienne, par Gabriel ROUCHÈS.
La Peinture Espagnole, par Pierre PARIS, de l'Institut.
L'Architecture et la Sculpture en Belgique, par Marcel LAURENT.

A paraître prochainement :

L'Art Égéen, par JEAN CHARBONNEAUX.
La Peinture Italienne (2 volumes), par René SCHNEIDER.
La Sculpture Chinoise, par H. D'ARDENNE DE TIZAC.

BIBLIOTHÈQUE D'HISTOIRE DE L'ART
Publiée sous la direction de M. Auguste MARGUILLIER

LA PEINTURE ESPAGNOLE DEPUIS LES ORIGINES JUSQU'AU DÉBUT DU XIXe SIÈCLE

PAR

PIERRE PARIS

MEMBRE DE L'INSTITUT
DIRECTEUR DE LA « CASA VELAZQUEZ »

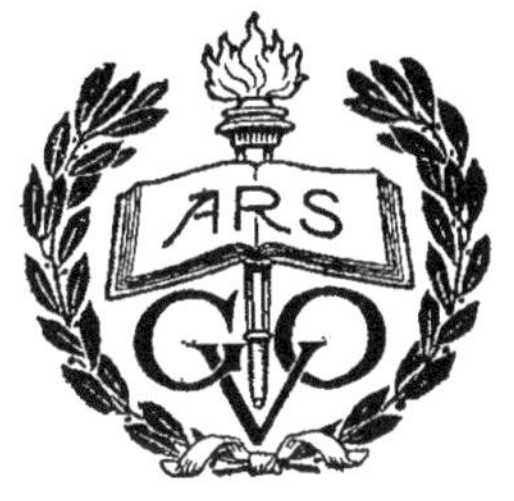

PARIS ET BRUXELLES
LES ÉDITIONS G. VAN OEST

1928

A MON INCOMPARABLE AMI

CH.-M. WIDOR

SECRÉTAIRE PERPÉTUEL DE L'ACADÉMIE DES BEAUX-ARTS

A QUI L'ESPAGNE ET LA FRANCE DOIVENT

LA *CASA VELAZQUEZ*

P. P.

LA PEINTURE ESPAGNOLE

CHAPITRE PREMIER

LA PRÉHISTOIRE ET L'ANTIQUITÉ

L'Espagne, au cours de toute son histoire, se montre comme un pays excessif ; ce mot se doit prendre dans le meilleur comme dans le pire des sens. A l'instar de leur sol, qui se tourmente en de sauvages sierras exagérées ou s'apaise en plaines trop monotonement vastes, et de leur climat, qui brûle ou glace, intempérant, les Espagnols de tous les temps se sont plu aux outrances ; surtout en art, et spécialement en peinture. Il y a quelques exceptions, et d'exceptionnel intérêt, mais elles confirment, comme on dit, la règle et lui donnent du relief.

C'est ce que montrera l'histoire de la peinture en Espagne que nous devons résumer ici.

Remontons, qu'on nous le permette, à la préhistoire ; c'est le Nord cantabrique qui a révélé la peinture des habitants des grottes et des abris à l'époque magdalénienne. Et déjà nous comprenons que l'extrême abondance est, dans la péninsule, un caractère plus essentiel qu'en tout autre territoire du monde. En France, par exemple, les deux principales grottes à figures peintes de l'âge magdalénien : Font-de-Gaume et les Combarelles, quelque riches qu'elles soient, ont-elles l'exubérance de la Cueva d'Altamira, où les animaux peints sur le plafond célèbre sont dix fois au moins plus nombreux ? Supérieures par le nombre, ces bêtes le sont aussi par la fougue ou la complication de leurs mouvements, comme par la variété et l'intensité de leurs couleurs. Tel bison, pris entre bien d'autres, la tête tordue, les pattes repliées sous le corps dans un galop forcené, vraiment ventre à terre, mis en présence de tel ou tel de ses congénères de notre Sarladais, placide et ruminant, évoque plus vivement et de combien ! les lointains chasseurs farouches (pl. I).

Les siècles passent ; la pierre polie succède à la pierre taillée, au paléolithique le néolithique. Les parois rocheuses, au Nord, au Midi, à l'Est, à l'Ouest, au centre de l'Espagne, se couvrent d'animaux, et, de plus, d'hommes par centaines, disons mieux : par milliers (combien ces images sont-elles plus rares en France !) et si la couleur, toujours vive, ne varie guère entre le noir, le brun et le rouge, les représentations, surtout celles des humains, multipliées, enchevêtrées à l'infini, évoquent un monde étrange de bêtes féroces, sauvages ou domestiques, de chasseurs, de danseurs, de guerriers, de géants et de pygmées, où pullulent toutes les bizarreries et toutes les outrances de la forme et du mouvement. Notons, d'ailleurs, que ce monde nous paraît à la fois surnaturel et tout près de la nature, et déjà se révèlent, après l'excès, les deux cultes primordiaux, associés et unis, de l'art espagnol : le culte du réel et celui de l'idéal (pl. II).

On a dit de la littérature espagnole qu'elle ne se distingue pas par l'originalité, mais par une puissance extraordinaire d'assimilation et de « *superación* », mot intraduisible qui marque l'exagération dans le mouvement et l'effort. L'art ibérique, celui qui va des premiers âges historiques à la conquête romaine, appelle le même jugement. Les afflux de l'Orient asiatique et de la Grèce primitive, peut-être aussi les apports africains, ont fortement fait sentir leurs influences sur les arts des peuplades indigènes, aussi bien des tribus farouches et pauvres du Nord que des riches Tartessiens policés. Nous ne pouvons nous faire une idée de la peinture ibérique que par les peintures des vases. Or on sait que si, très rarement, les céramistes, comme l'auteur du fameux vase aux *Chasseurs de sangliers* trouvé à Archena, ou celui du fragment de la *Chasse au cerf* d'Ampurias, ont voulu copier des hommes et des animaux au naturel, ils le firent sous l'inspiration des artistes grecs archaïques (pl. III). Mais à Numance, comme à Azaila, comme à Elché, leur triomphe est la stylisation à outrance en même temps que le schématisme. Les êtres les plus fantastiques, les plus chimériques, les plus incohérents, se multiplient par les audaces de leur pinceau, et il est curieux de retrouver, à tant de siècles d'intervalle, les mêmes outrances de fantaisie folle chez le barbare artisan arévaque et le peintre génial aragonais Goya. Du même style et du même caractère furent sans doute telles œuvres de la peinture ibérique, et telles autres s'inspirèrent plutôt de l'Orient et de la Grèce, comme le fit la *Dame d'Elché* (Musée du Louvre), chef-d'œuvre de la sculpture, où des critiques ont été jusqu'à reconnaître la main d'un contemporain de Phidias ou de l'un de ses proches prédécesseurs.

La paix romaine, si elle ne le tua pas, débilita fort, pour un temps, le génie propre des indigènes. Les rares peintures décoratives qui subsistaient, par exemple, sur les murs des maisons de Belo ou dans les tombeaux de Carmo, pas plus que les très nombreuses mosaïques retrouvées un peu partout, ne nous montrent rien que nous ne connaissions comme monnaie courante dans tout l'Empire romain.

CHAPITRE II

LES PREMIERS TEMPS CHRÉTIENS ET L'ÉPOQUE ROMANE

Mais voici que le christianisme a révolutionné et rénové le monde. L'Espagne, province très romaine, emprunte, comme l'Italie, les premiers éléments de son art chrétien, art religieux des tombes, à l'art de ses colonisateurs, et cela jusqu'à l'édit de Milan et à la pacification de l'Église. Par malheur, rien absolument ne subsiste, que nous sachions, des monuments de cette première époque, qui rappelaient l'art des Catacombes, romain par essence, avec quelques contaminations orientales. La crypte en columbarium de Carmona, avec les fleurs et les oiseaux de ses voûtes, quoique païenne, en donne pourtant quelque idée.

Après le triomphe de l'Église, l'art byzantin se fait pour plusieurs siècles l'expression définitive de la religion nouvelle. Sous la domination des Visigoths, l'Espagne est une province byzantine, comme l'Italie même ; l'Orient grec, au VIe siècle, envahit et domine l'Occident latin, qui se défend mal et ne garde, parmi les nouveautés, que quelques souvenirs de son passé. Mais ici encore, si l'architecture, la sculpture, l'orfèvrerie, la menue décoration se laissent étudier dans la péninsule en des monuments par malheur trop rares, la peinture fait défaut, ainsi que la mosaïque, qui en est la forme, pour ce qui est de ce temps, perfectionnée. Rien qui rappelle de près ou de loin Salonique ou Ravenne, ou même la Gaule et l'Afrique du Nord, où l'art nouveau, comme on sait, poussa loin ses ramifications. Il y a là une lacune bien difficile à combler. Cependant on peut affirmer que la peinture visigothique et byzantine n'a pas manqué en Espagne plus qu'en Italie, en Gaule et en Afrique ; il serait étrange qu'elle y eût fait défaut alors que les autres arts y ont fleuri, non sans des caractères originaux qu'ont reconnus les historiens, alors que les manuscrits enluminés y ont fait fortune, apportant tous les symboles, tous les thèmes, toutes les images, tous les procédés et tous les styles de l'Orient hellénique mêlés à ceux de l'Occident latin, alors surtout que dans la Catalogne plus proche, de par ses communications maritimes et terrestres, du monde de Rome et de Byzance, tout l'art roman des vieilles églises pyrénéennes, à partir du XIe siècle, tout cet art dont l'exposition récente aux musées de Barcelone, Vich et Lérida, est une merveilleuse surprise, est une longue survivance et une véritable résurrection byzantine.

Nous voulons parler d'abord d'un assez grand nombre de devant d'autels ou *antipendia*, peints sur bois, provenant d'églises rurales ou de monastères plus ou moins perdus aux flancs des Pyrénées orientales. Le plus ancien, du Xe ou XIe siècle, serait, selon Émile Bertaux, au Musée de Vich, l'*antipendium* de Montgrony : on y voit, en quatre compartiments qui flanquent un Christ de majesté, quatre épisodes de la vie de saint Martin, dont le plus fameux, celui du manteau partagé. Le style en est très primitif, maigre et pauvre, et dénote sans doute la main d'un artiste local, mal inspiré par les modèles des enlumineurs (pl. IV). Il en est de plus barbares, quoique plus récents ; mais déjà au XIe siècle il y en a d'un art plus expert, tel celui du Musée de Barcelone (pl. IV), gardant aux encadrements des figures et des scènes le souvenir des ornements au repoussé et des orfèvreries des primitifs *antipendia* de métal, et quelquefois même, par le stuc qui modèle les figures peintes, le souvenir des *antipendia* de marbre ou de bois sculpté. Mais la technique est, au fond, la même aussi bien que le dessin, cernant de traits noirs le coloris identique. Les œuvres de cette série ont subi des influences diverses : aux XIe et XIIe siècles il semble bien que ce soit la française qui domine, mêlée d'éléments orientaux ; mais à la fin du XIIe, comme l'a remarqué Émile Bertaux, le meilleur des juges, « dessin et coloris changent complètement. Les peintre catalans s'appliquent alors, comme les miniaturistes et les verriers français, à imiter l'art byzantin ». Ce n'est pas à dire que tout souvenir français soit exclu de ce style nouveau, mais il ne règne plus en maître, comme il fera derechef dans quelques œuvres capitales de la fin du XIIIe siècle.

La peinture murale évolua de même aux mêmes époques. Dans les églises et les monastères de la Catalogne pyrénéenne, le style catalan-français, qui domine d'abord, cède bientôt la place au byzantin. Les murs latéraux peut-être, les absides à coup sûr, reçurent généralement une décoration de fresques (car la mosaïque eût coûté trop cher) que le temps a souvent épargnées, et dont les plus importantes sont maintenant en sûreté à Barcelone. Si elles valent peu, d'ordinaire, par l'originalité des thèmes religieux, du moins l'éclat hardi, souvent brutal, des couleurs, qui accentue leur caractère indigène et aussi populaire, leur donne une force inattendue et marque entre elles une intéressante unité. Saint-Michel (Seu d'Urgel), Sainte-Marie et Saint-Clément de Tahull, Pedret, Mur, Sainte-Marie de Aneu, Saint-Michel de Angulasters, Saint-Pierre de Burgal, Estahon, Ginestarre, Esterri de Aneu, Sainte-Marie de Bohi, Sainte-Marie de Terrassa, et plusieurs autres églises encore, construites et décorées au XIIe et au XIIIe siècle, sans parler de celle de Saint-Martin-de-Fenouillar, qui, quoique appartenant à la Catalogne française, fait partie du même groupe, nous ont offert une magnifique et unique collection de Christs en majesté avec tout leur cortège de personnages bibliques ou évangéliques ou symboliques. Par malheur, ces images si longtemps négligées sont encore en assez grande partie inédites, et l'étude en est encore embryonnaire. Les gravures que nous donnons de trois d'entre elles (pl. V et VI) en marquent l'extrême intérêt, intérêt qui s'augmente si l'on ajoute qu'à côté des scènes et des personnages religieux on en voit d'autres plus suggestifs, empruntés à la vie sociale, où apparaît, comme toujours en Espagne, avec une imagination hardie, un souci naïf de la réalité vivante.

Si le groupe des peintures romanes de Catalogne est le plus compact et peut-être le plus instructif, on ne saurait passer sous silence quelques peintures, également très anciennes, éparses à travers l'Espagne. Les plus antiques sont sans doute celles de l'ermitage de San Bandelio — église si originale avec ses arcs arabes, et remontant probablement au IXe siècle, — où l'on voit dans l'abside une curieuse *Adoration des Mages* et sur la tribune, entre autres scènes, une chasse à courre sous une inscription coufique. Les figures du chœur du Cristo de la Luz, à Tolède, petite mosquée transformée en chapelle, sont plus récentes

(XIIe siècle), mais non moins originales, étant plus orientales encore (pl. VI), tandis que les fresques presque contemporaines (fin du XIIe siècle) du *narthex* de Saint-Isidore à Léon, comprenant à côté des scènes évangéliques et apocalyptiques, avec le Christ sur son trône dans un nimbe, les travaux des douze mois, forment le plus important ensemble que l'on puisse mettre en parallèle avec ceux des églises françaises. « L'iconographie des scènes », a écrit Émile Bertaux, « le dessin très ferme des silhouettes, le coloris dur, les tons d'ocre jaune et rouge, le cerne noir, témoignent d'une imitation directe de l'art français. »

On n'ignore pas quelle fut, du VIIIe au XIe siècle, la résistance du Nord de l'Espagne, depuis les monts asturiens jusqu'aux Pyrénées orientales, contre laconquête et la domination arabes. Il était assez naturel que les monuments chrétiens de cette époque fussent plus nombreux en ces régions que dans le reste de la péninsule, et c'est une reconnaissance de plus que les Espagnols doivent avoir aux défenseurs de leur sol et de leur civilisation aux frontières du Nord, pour avoir permis à l'art chrétien de ne pas périr. Ce sont eux vraiment qui ont sauvé au moins, sinon créé, l'art roman d'Espagne et lui ont permis de se développer aux siècles suivants, lorsqu'à partir du début du XIe siècle jusqu'à la moitié du XIIIe les Arabes, affaiblis par leurs divisions et leurs luttes intestines, reculèrent peu à peu sous la poussée continue des comtes et des rois libérateurs. Il ne faut pas oublier cependant qu'à l'une comme à l'autre époque les Maures firent généralement montre d'une grande tolérance envers les indigènes soumis, envers leur religion comme envers leurs mœurs et coutumes, et n'étouffèrent pas leurs instincts et leurs aspirations artistiques. De là vient que dès le XIVe siècle, au sortir de l'âge roman, la peinture se développa dans toute la péninsule avec une rare abondance.

Jusque là, ce qui avait prédominé dans cet art, c'était, en somme, l'influence française et celle de Byzance, si bien qu'on a pu dire que la peinture espagnole, de même que la miniature au XIIIe siècle, avait été « un prolongement de l'art français ». Et ce prolongement s'étendit jusqu'à l'Andalousie. Émile Bertaux a pu signaler à Séville, à la fin du XIIIe siècle et au commencement du XIVe, des *Vierges*, comme la *Vierge de Rocamadour* (église San Lorenzo) « visiblement imitées des modèles français ». Mais bientôt commença à se faire sentir l'influence italienne, et cela, comme il était naturel, dans les Baléares, la Catalogne et le royaume d'Aragon, dont les peintres s'inspirèrent surtout de modèles siennois, et tels tableaux de Palma de Majorque ou du couvent de Pedralbas (près de Barcelone), ceux-ci dus au Catalan Ferrer Bassa (pl. XV ci-après), ont évoqué les noms de Simone et Lippo Martini. Si l'art en est charmant, délicat et brillant comme celui qui l'inspira, et fait un contraste heureux, révélateur d'un grand progrès esthétique, avec celui des Primitifs romans, il n'en est pas moins vrai qu'il n'est pas original autant qu'on le voudrait, et que le caractère du crû espagnol ne s'en marque que par le choix de quelques types, par quelques duretés de dessin et quelque outrance dans la tonalité plus sombre des couleurs. Du reste, l'esprit siennois se répandit aisément dans la plus grande partie de la péninsule, et particulièrement à Valence, où s'établirent des peintres toscans formant école. Émile Bertaux a montré dans ce sens toute l'importance d'un triptyque de la Chartreuse de Porta Coeli (Musée provincial de Valence), qui date de la seconde moitié du XIVe siècle, et qui pourrait bien être, sans qu'on ose l'affirmer, de Lorenzo Zaragoza.

On trouve un peu partout des peintures de la même école ; l'une des plus importantes, car il s'y ajoute aux éléments siennois un cachet tout spécial de terroir, est le tableau d'autel (vers 1375) provenant de Tobed, en Aragon, et conservé actuellement dans une collection particulière de Saragosse, où l'on voit *Henri II, roi de Castille, à genoux avec sa famille aux pieds de la Vierge* (pl. VIII) ; on le rattache à l'œuvre de Pere Sera, l'un des peintres catalans les plus renommés de ce siècle, que l'on commence à bien connaître, et dont un grand retable dans la cathédrale de Manresa, en particulier, permet d'apprécier le talent délicat.

Les Florentins ont aussi leur part dans l'expansion italienne en Espagne. On sait par Vasari que Guerardo Starnina, « peintre giottesque », voyagea en Espagne de 1380 à 1387 et qu'il y subit lui-même l'influence des types et des costumes du pays, et par Ceán Bermúdez qu'il travailla en Catalogne pour le roi Jean I. Il est peut-être l'auteur des peintures giottesques de la chapelle de Saint-Blaise à Tolède. Il se peut aussi qu'il ait vécu à Séville et y ait fait école, et que le Sévillan Garci Fernández, dont un médiocre panneau a été identifié à Salamanque, ait été son élève.

Émile Bertaux retrouve la même inspiration florentine, avec maints souvenirs français, dans les trois peintures qui décorent les plafonds d'une salle de l'Alhambra de Grenade attenante à la cour des Lions. Il vaut la peine de citer la page que leur consacre le plus autorisé comme le plus fin des historiens français de l'art espagnol : « Ces peintures ont été exécutées, non point à fresque, mais *a tempera*, sur cuir. Le fond d'or est comme gaufré de dessins en relief, étoiles ou rinceaux.... Les sujets sont ceux qui composaient, au XIVe siècle, en France ou en Italie, la décoration ordinaire des objets ou des monuments profanes, boîtiers de miroirs ou salles de palais, et qui ont passé plus d'une fois en Espagne, comme en France, dans la décoration sculptée des monuments religieux : quelques-uns d'entre eux ont été seulement modifiés pour flatter la vanité des princes de Grenade. Chevaliers et dames de la cour de Séville paradent à côté des guerriers mores, dont les femmes restent hors du tableau, dans l'ombre du harem.... Ces peintures ont pour fond un décor très riche, dont les édifices roses et verts sont de goût italien. La vasque d'une fontaine est supportée par quatre statuettes de femmes nues. Tous les visages ont le type giottesque. Cependant le peintre n'était pas italien ; il néglige complètement le modelé, pour procéder par taches vives et plates, finement cernées d'un contour noir. »

Mais cet apport florentin ne fut, en somme, qu'un épisode ; l'Andalousie revint, au commencement du XVe siècle, à l'imitation siennoise, comme en témoignent par exemple les peintures du cloître de San Isidro del Campo, près de Séville.

A cette époque, c'est en Castille que s'exerce l'influence de Florence ; on y a signalé plusieurs artistes venant de cette ville, dont le plus célèbre fut Nicolas le Florentin. Une hypothèse ingénieuse et fortement appuyée de M. Gómez Moreno veut identifier ce peintre avec Dello di Nicola, artiste mystérieux qui aurait séjourné en Espagne depuis 1432. Quoi qu'il en soit, c'est à Nicolas qu'est due, en particulier, l'importante décoration à fresque de l'abside de la vieille cathédrale de Salamanque, travail commandé par le chapitre en 1445.

CHAPITRE III

LE QUINZIÈME SIÈCLE

D'ailleurs c'est toujours, au xve siècle, en Catalogne, que la peinture, bien qu'obéissant à la loi, constante en Espagne, des influences étrangères, reste le plus originale, sinon dans l'inspiration, du moins dans le style. Ici les catalogues d'artistes renommés s'amplifient : Pere Nicolau, Jacobo Mateo, Jaime Cabrera, Nicolas Verdera, Lluis Borrassá multiplient les grands retables dans les églises, et beaucoup de leurs œuvres sont heureusement rassemblées dans les musées de Vich et de Barcelone. Tous ces panneaux « gothiques » marquent un énorme progrès sur les vieilles peintures romanes : riche composition, savante et plus pleine, groupement plus habile des personnages principaux ou secondaires, attitudes moins conventionnelles et mieux observées, visages plus réels en même temps que plus doux et plus enveloppés de charme, tissus et vêtements somptueux rehaussés de broderies et d'or, et technique plus souple et plus adroite dans les souvenirs d'une tradition (pl. IX). Parmi ces Catalans, Lluis Borrassá a peut-être le plus de personnalité, et si son style reste fidèle aux enseignements siennois, l'artiste s'émancipe heureusement dans maints détails d'ornementation ou de costume ; les types fortement réalistes de ses personnages ne sont qu'à lui, et si Émile Bertaux a pu dire qu'il mérite une place dans l'histoire tout près de Sano di Pietro, le vaste retable des Clarisses de Vich, recueilli au musée de cette ville (pl. X), permet d'affirmer qu'il en mérite également une, bien à lui, dans la galerie des peintres essentiellement espagnols. Il fit école : son élève, peut-être son esclave, Luch, prit son nom, et devint Luch Borrassá ; Honorato Borrassá fut très probablement de sa famille ; Benito Martorell, bien que formé, dit-on, à Florence, l'imita comme un excellent disciple, ainsi que Jaume Huguet, et pendant de longues années les églises de Catalogne et d'Aragon se peuplèrent de retables de son style.

Cependant, à mesure que l'on avance vers le milieu du xve siècle, aux influences italiennes et, en particulier, siennoises, qu'il ne faut pas exagérer, et à la française, à laquelle il ne faut pas négliger de donner toute son importance, vient s'en superposer une nouvelle: la flamande, venue en Espagne en cheminant à travers la France. Déjà quelques éléments du Nord étaient sensibles au commencement du siècle ; certains ont été notés avec une grande précision dans le triptyque de Bonifacio Ferra (1400), déjà signalé, transporté de la Chartreuse de Porta Coeli au Musée de Valence, et plus tard dans les œuvres de Borrassá. C'est qu'avec de nombreux peintres français nombre de peintres allemands, belges ou flamands, dont l'érudition d'aujourd'hui a retrouvé les noms et identifié quelques œuvres, ont importé lentement dans les provinces du Nord et jusqu'en Castille, pendant la première moitié du xve siècle, des formes et des techniques nettement distinctes des importations italiennes, et seulement un peu francisées, avant de franchir les Pyrénées, au contact de nos peintures et de nos miniatures.

Le résultat le plus original de cette combinaison d'influences est l'œuvre de celui que la critique élégante et sûre d'Émile Bertaux a mis en évidence sous le nom de « Maître de *Saint Georges* ». Les quatre panneaux à fond d'or actuellement au Louvre et celui de la collection Ferrer y Vidal, à Barcelone, qui les complète, et qui ont pour sujet le martyre de saint Georges (pl. XI), nous révèlent vers 1430 un Catalan qui joint à l'ordonnance charmante des miniatures les plus somptueuses et les plus vivantes des livres d'Heures du duc de Berry « un monde de personnages dont le réalisme un peu brutal, quelquefois caricatural, bien conforme aux instincts de l'Espagne, s'est précisé et a pris de la force au contact de l'art réaliste du Nord ». Le Maître de *Saint Georges*, a dit Émile Bertaux, apparaît comme un précurseur du Maître de Flémalle.

Mais l'influence flamande ne produira tout son glorieux effet que lorsque Jean van Eyck viendra dans la péninsule. L'année 1428 (peut-être 1426), date à laquelle Jean van Eyck fit son premier voyage célèbre, est une date d'une particulière importance, car elle fixe le point de départ d'une ère nouvelle. L'Espagne se prit d'admiration et d'amour pour cet art flamand, brillant et poétique en même temps que d'un réalisme savoureux, dont elle n'avait jusqu'alors subi quelque influence qu'à travers les œuvres françaises ou italiennes. Dès lors les innovations techniques de la peinture à l'huile, que l'on prête trop libéralement aux Van Eyck, mais dont ils ont au moins assuré définitivement le succès, sont rapidement acceptées, et le style de ces maîtres se répand avec leurs œuvres et celles de leur école, parmi lesquelles il faut faire une place à part à celles de Van der Weyden, dont l'Escorial conserve la fameuse *Descente de croix* dite de la Confrérie du Grand Serment de Louvain (1440) et du « Maître de Flémalle », bien représenté au Prado par le *Mariage de saint Joseph* et la *Sainte Barbe* (1438).

On sait qu'au dire de certains critiques le retable célèbre dit de Palencia (Musée du Prado), qui représente *Le Triomphe de l'Église sur la Synagogue* serait une habile interprétation espagnole, une « copie ajustée » d'une composition d'Hubert van Eyck. Quant à l'original, peut-être avait-il décoré l'autel de Saint-Jérôme dans la cathédrale de Palencia.

Le Catalan Lluis Dalmau est sans doute le disciple le plus docile du peintre de Philippe le Bon, et c'est ce qui lui a valu de l'emporter en réputation sur tel ou tel de ses contemporains mieux doués, comme le Valencien Jacomart. Cependant Dalmau reste timide dans ses imitations, qui vont parfois jusqu'à la copie ; il n'ose qu'avec hésitation user des procédés de la peinture à l'huile, et même dans ses œuvres les plus connues, comme la *Vierge des Conseillers* de Barcelone (1445), il transpose sans scrupule des figures de Jean van Eyck, dont il avait peut-être fréquenté l'atelier lors d'un voyage en Flandre, mais avec une précision sèche et une pauvreté de coloris qui sont sa marque particulière et le laissent loin derrière son maître (pl. XII). Il travailla non seulement à Barcelone, mais aussi à Valence, où il rencontra Jacomart Baco.

Ce peintre célèbre ne fit pas, comme Dalmau, le voyage de Flandre ; Naples et l'Italie l'attirèrent davantage. Mais il connut certainement dans sa ville natale des peintres flamands, peut-être même Jean van Eyck, et ne manqua pas de s'inspirer de leur technique et de leur style. Dans les seules œuvres absolument authentiques du maître, le triptyque de *Sainte Anne, saint Augustin et saint Ildephonse* à la collégiale de Jativa (1450), et le retable de *Saint Martin* aux Clarisses de Ségorbe (1457), le retable des *Rois Mages* au couvent des Augustines de Rubielos de Mora (Teruel), la vérité de l'observation et la somptuosité des étoffes et des pierreries, de même que l'intensité des couleurs harmonieuses, sont des nouveautés qui ne laissent aucun doute sur leur origine. Mais Jacomart reste pourtant fidèle à certains archaïsmes, comme celui des ors et des guillochages, qui conservent très heureusement à ses œuvres une saveur espagnole bien prononcée (pl. XIII).

Il est du reste curieux de noter que Dalmau fut mal suivi en son pays de Catalogne et dans l'Aragon voisin. Les peintres catalans et aragonais de la seconde moitié du XVe siècle s'attardent à la technique de la détrempe, des fonds et des reliefs en stuc dorés à outrance. Mais Jaume Huguet prouve que de ces traditions pouvait sortir un art vivant et original ; le retable des *Saints Abdon et Sénen, saints Côme et Damien* à l'église Saint-Michel de Terrassa, par le choix des types et par le style aussi bien que par la facture, a un excellent goût de terroir et, pour certains, pourra l'emporter sur toute l'œuvre d'un Dalmau.

On est tenté d'en dire autant et plus encore de telles productions de Jaume ou Pau Vergos (pl. XIV) ou des contemporains anonymes qui sont les descendants brillants de Borrassá et du Maître de *Saint Georges*, ces gallicisants mêlés d'italianisants, bons et francs Catalans quand même ; leur art est aussi somptueux et plus près de la nature que celui des flamingants.

Il faut faire une place à Ferrer Bassa, dont le style est très personnel : il a trouvé dans l'allongement des visages, l'obliquité des yeux, comme noyés de langueur, de ses Vierges, de ses anges, de tous ses personnages divins, une originalité qui reste un peu monotone. Mais sa naïveté parfois maladroite, et son souci de rester réaliste quand même, sont bien espagnols et ont leur charme (pl. XV).

En Castille aussi se répandirent les enseignements de la Flandre. C'est pour Palencia, nous venons de le voir, que Jean van Eyck exécuta l'original du *Triomphe de l'Église*. Mais les peintres castillans ne se laissèrent séduire que malaisément. Au milieu du siècle on ne signale que très peu d'œuvres importantes où se manifeste l'esprit nouveau. C'est, en 1455, le retable de l'hôpital de Buitrago, peint pour Inigo López de Mendoza, premier marquis de Santillane, où Jorge l'Anglais (*Inglés* est-il un vocable ethnique ou un surnom ?) rappelle le Maître de Flémalle par la richesse savante de l'ensemble et des détails, et Van der Weyden par le naturel des portraits (pl. XVI) ; c'est, à Zamora, le retable de *Saint Ildephonse* (vers 1460), où le Salmatin Fernando Gallegos « a su imiter les lourdes chapes de brocart, les orfrois cousus de pierreries et de perles avec l'exactitude et la somptuosité des maîtres flamands » (É. Bertaux), ce qui ne l'empêche pas de rester, par son attachement à maints détails de couleur locale, le plus espagnol de ses contemporains. A lui ou à son atelier s'attribuent, par de solides hypothèses, d'autres importants retables à Toro, à Arcenillas, à Salamanque, à Ciudad Rodrigo. Ce dernier (actuellement à Richmond, en Angleterre), vaste ensemble de vingt-trois panneaux dus à la collaboration de plusieurs disciples avec le maître, représente l'histoire de l'Ancien et du Nouveau Testament depuis le chaos jusqu'au Jugement dernier (pl. XVI), et Émile Bertaux y a reconnu des imitations certaines du chef-d'œuvre de Van der Weyden, le grand retable de l'hospice de Beaune.

Si cette histoire de la peinture espagnole sous l'influence franco-flamande est jusqu'ici assez nette, elle s'obscurcit singulièrement en se compliquant dans le dernier quart du XVe siècle et au commencement du XVIe. Toute l'érudition et l'ingéniosité d'Émile Bertaux n'ont pas pleinement réussi à éclairer la confusion qui règne sur cette période. C'est que plusieurs éléments de force et d'importance égales s'y rencontrent et s'y pénètrent : le génie national de l'Espagne, le génie français et flamand et l'italien, sans que l'un d'eux prenne nettement la prépondérance. De toutes parts, par le Nord, par l'Ouest et par l'Est, les artistes étrangers, appelés par la faveur des rois ou des prélats, ou attirés par leur instinct, s'introduisent dans la péninsule pour y travailler, tandis que beaucoup d'œuvres exécutées hors d'Espagne sont achetées. Les Rois Catholiques ont donné l'exemple ; on sait leur goût pour l'atelier de Gérard David ; Miguel Flamenco, Melchior Alemán, Juan de Flandes furent les peintres de la grande Isabelle. Ce dernier, le plus célèbre, ne manqua pas de subir à son tour l'influence en retour du pays où il travailla longtemps, et ses œuvres si essentiellement flamandes se rehaussent d'un reflet castillan.

L'école castillane, qui rayonna surtout de Salamanque jusque dans le royaume de Léon et les Asturies, joint à la poésie venue de Flandre des instincts de vérité et derudesse populaire qui lui donnent sa principale qualité ; mais, par malheur, il est jusqu'à présent très difficile d'identifier avec assurance les œuvres du maître anonyme dit « de la Sisla » (couvent près de Tolède), de Sancho de Zamora, de Juan de Segovia ou de Pedro Diaz d'Oviedo.

A la même époque, les peintres et les peintures d'Italie font la conquête de la péninsule et, naturellement, s'introduisent par Valence. Nicolas le Florentin, appelé dans cette ville, comme nous l'avons vu, en 1469, y mourut en 1471. En 1472 il y était remplacé par le Lombard Paolo di San Leocadio et le Napolitain Francesco Pagano. Le premier peignit abondamment pour Valence,

Gandía, Castellón de la Plana, Villareal, etc., et il eut pour disciples Rodrigo de Osona et son fils, décorateurs comme lui de la cathédrale de Valence, lesquels, avec des souvenirs de Jacomart, se montrent des italianisants convaincus. Ceux-là sont des initiateurs dont la vie et l'œuvre méritent d'être reconstituées avec soin. Mais déjà plusieurs de leurs contemporains s'italianisaient comme eux peut-être à la suite de voyages en Italie. Émile Bertaux a mis en évidence le rôle de Ferrando Yañez de la Almedina, qui travailla dès 1507 à Valence et se révéla imitateur zélé, mais non servile, de Léonard de Vinci en même temps que des Vénitiens. Ses œuvres principales sont, à la cathédrale de Valence (pl. XV), le grand retable des *Joies de la Vierge* et à Cuenca, celui de la chapelle des Albornoz, heureux mélange de douceur lombarde, de somptuosité vénitienne et de réalisme espagnol. Dans le premier de ces ouvrages il eut la collaboration de son homonyme Ferrando de Llanos, qui a les mêmes tendances, mais lui est nettement inférieur (retable du *Mariage de la Vierge* à Murcie, 1561 ; retable de Caravaca, 1521) et imite Léonard jusqu'à le plagier et pas toujours avec beaucoup d'adresse.

Ces deux peintres sont moins célèbres — et c'est un tort — que Vicente Juan Macip, dit Juanes, auteur d'un retable important à la cathédrale de Ségorbe et aussi, sans doute, du grand tableau de la cathédrale de Valence, le *Baptême de Jésus* (pl. XVII), artiste sur lequel ils eurent une notable influence, et surtout que son fils, connu sous le nom de Juan de Juanes, habile et brillant, mais sans originalité. On fait souvent trop d'honneur à celui-ci en lui attribuant le principal rôle dans l'apport de la Renaissance à sa patrie, honneur qui revient plus justement aux Ferrando.

Concurremment, de Catalogne et d'Aragon, de divers centres artistiques du Nord, quelques peintres allaient étudier et se former en Italie. Nous avons vu qu'au cours du XVe siècle ces régions avaient accueilli avec faveur ce qui venait d'outre-mer ; au début du XVIe siècle, on a pu signaler les nombreuses peintures assez médiocres du Navarrais Joan Gasco, établi à Vich (de 1503 à 1529), de Pedro Nuñez (retable de Capelles, 1527). De Jean de Barcelone, qui eut son temps de grande faveur, il ne reste que le nom, et, parmi les Aragonais, l'auteur anonyme du grand retable qui lui a valu d'Émile Bertaux le nom de « Maître de Sijena » (entre 1510 et 1520), était probablement le mieux doué avec Jerónimo Cosida, de Saragosse.

La Castille a eu meilleure fortune ; l'influence italienne y a amalgamé, à la même époque, aux imaginations et aux techniques flamandes en même temps qu'aux traditions régionales un mouvement et un style plus savants, plus souples et plus larges, sans tuer les heureux instincts de la race. Le très justement fameux tableau des *Rois Catholiques* (pl. XVIII), transporté d'un palais d'Avila au Prado, et qui date à peu près de 1495, a une très grande valeur historique, puisqu'il nous garde les portraits authentiques des grands monarques et de leurs enfants avec celui du Grand Inquisiteur Torquemada, et une très grande valeur artistique parce que, très castillan par la vérité, qui saute aux yeux, des portraits et des costumes, il est très italien par la composition, les architectures et le coloris. Une tradition l'attribue à Antonio del Rincón, auteur du retable, aujourd'hui détruit, de Saint-Jean-des-Rois à Tolède ; mais la critique hésite, et doute même de l'existence de ce Rincón.

En revanche, l'œuvre de Pedro Berruguete, un pur Castillan de Paredes de Nava, dont la carrière s'arrête malheureusement en 1504, est bien connue, et fait grand honneur à ce peintre, l'un des Primitifs espagnols les plus intéressants par la hardiesse qu'il unit à la sincérité, quelquefois même à la naïveté d'un précieux réalisme. Ses panneaux consacrés à l'*Histoire de saint Dominique de Guzman* et à celle de *Saint Pierre martyr*, peints pour le couvent de Saint-Thomas d'Avila, et conservés au Prado, donnent aisément le secret de son art et permettent d'en doser les éléments espagnols, flamands et italiens ; mais les premiers, heureusement complétés par les autres, sont ceux qui donnent surtout leur prix à ces tableaux. A ce titre l'*Auto de fe*, si pittoresquement documentaire (pl. XIX), nous révèle une précision d'observation très personnelle, en même temps que *Saint Pierre martyr en prière*, dans sa monastique simplicité et l'ardeur intime de sa foi, prélude aux inspirations sublimes des grands mystiques (pl. XX). Il n'y eut en Castille, pour rivaliser d'italianisme avec Berruguete, qu'un étranger, le célèbre Jean de Bourgogne, qui fut le peintre du grand cardinal Ximénès, vers 1500, et qu'ont immortalisé les fresques étendues aux murs de la salle capitulaire de Tolède, et la décoration de la chapelle mozarabe, où s'évoque, comme l'a si bien vu Émile Bertaux, le souvenir des chapelles florentines. Ce grand artiste, venu de notre pays pour se faire très espagnol, sans oublier ses origines, a bien conquis le droit qu'on lui fasse une bonne place, même en ce court résumé, parmi les Primitifs castillans. De même il serait injuste de ne pas citer au moins Satan Cruz, Bernardi de Castro ou Juan Correa, bons disciples et continuateurs de Berruguete et du Bourguignon.

D'Avila et de Tolède il convient de passer à Cordoue et à Séville. Là se forma sous les mêmes étoiles de Flandre et d'Italie, une école qui préluda aux chefs-d'œuvre du XVIIe siècle. Peut-être faut-il chercher, vers 1480, dans les œuvres importantes de Juan Sánchez de Castro (*Santa Maria de Gracia*, à la cathédrale de Séville) (pl. XX) ou dans les œuvres de son homonyme Juan Sánchez, des influences purement catalanes, tandis que Pedro de Córdoba, Juan Núñez et plusieurs des Primitifs qui furent leurs émules contemporains doivent aussi beaucoup aux Flamands.

Ce n'est plus le cas du Cordouan Bartolomé Bermejo (il signa quelquefois en latin *Rubeus*), que révéla un magnifique *Saint Michel* passé du village catalan de Tous dans une collection d'Angleterre. Ainsi que dans les autres panneaux qui lui sont attribués avec le plus de vraisemblance, les influences italiennes commencent à produire leurs fruits à côté des flamandes ; mais on ne sait pas encore si Bermejo, non plus que le mystérieux Alfonso, le peintre du *Martyre de saint Cucufat* (au Musée de Barcelone) est allé en Flandre et en Italie. Toujours est-il que Bermejo reste très espagnol. Émile Bertaux a dit que « la *Sainte Face* du Musée épiscopal de Vich est l'œuvre la plus forte de la peinture espagnole avant le XVIe siècle : l'énergie menaçante du Christ et sa gravité terrible sous la couronne d'épines et la sueur de sang nous font communier avec la foi de l'Espagne des Rois Catholiques » (pl. XXI).

Alejo Fernández, autre Cordouan, est un élève adouci de ce maître et fit école en Andalousie, comme le montrent nombre d'œuvres éparses aux alentours de Cordoue et de Séville.

Pendant tout le règne des Rois Catholiques la peinture, dans toute la péninsule, tantôt souffre, tantôt bénéficie de ces luttes d'influences. Avec Charles-Quint et Philippe II, l'Italie triomphe. Si, à Séville, la Flandre a encore des représentants de mérite, comme le Zélandais Ferdinand Sturm, le Flamand François Frutet, surtout le Bruxellois Pierre de Campener, espagnolisé sous le nom de Pedro de Campana, il est essentiel de remarquer que, tout en conservant quelque caractère de leur race, ils sont profondément imbus d'italianisme et comptent vraiment parmi les introducteurs de la Renaissance italienne en Andalousie.

CHAPITRE IV

LE SEIZIÈME SIÈCLE

Mais c'est là un fait exceptionnel ; les grands initiateurs furent appelés d'Italie même par Charles-Quint. Si celui-ci fait dans ses domaines du Nord des achats et des commandes de tableaux et de tapisseries, il s'attache Leone Leoni et Titien, qu'il fait venir à grands frais de leur patrie et comble de flatteries et d'honneurs, surtout le peintre. Philippe II, à l'exemple de son père, fait collection de peintures flamandes, mais continue sa faveur à Titien et la donne à Pompeio Leoni, fils de Leone. Sa grande pensée, l'Escorial, doit ses plans à Juan Bautista, un Espagnol de Tolède, mais qui avait fait ses études à Rome, et l'on sait combien peu est espagnole l'architecture de ce monument colossal ; après la mort de Juan Bautista, ce sont encore des Espagnols italianisés qui poursuivent son œuvre : Frère Antonio de Villacastin et Juan Bautista de Herrera, lequel, par une exception étrange, trouva moyen, quoique Espagnol, d'être plus simple et plus froid que ses maîtres d'Italie. De même, si le premier en date des peintres de l'Escorial, le moine Juan Fernández Navarrete, surnommé « le Muet » (*el Mudo*) fut un Espagnol de Logroño, il fut choisi par Philippe II parce qu'il était un fidèle suivant de Titien (on l'a appelé ambitieusement le Titien espagnol). De même Philippe II confia à l'Andalou Gaspar Becerra des fresques du palais royal du Pardo et une partie de la décoration du palais de Madrid, parce qu'il avait appris son art à Rome avec Daniel de Volterre et Vasari. Il eut d'ailleurs un collaborateur italien : le Bergamasque Giambattista Castello, dont les fils, Nicola et Fabricio, eux du moins, travaillèrent à l'Escorial.

La porte était ouverte aux Italiens, ce qui, du reste, ne fut pas heureux, car, à défaut des grands maîtres sollicités en vain, de très importants travaux furent donnés à des médiocres : après les fils de Castello, décorateurs de la monotone salle des Batailles, parut Giovanni da Urbino, et après eux, hélas ! le terrible « Fa presto » génois Luca Cambiaso, dit Lucetto, et son fils, puis Romulo Cincinnati et Federico Zuccaro, et, enfin, Peregrino Tibaldi et Bartolomeo

Carducci. C'est ce qu'on a appelé l' « école de l'Escorial ». Tous ces habiles, dont la vaste œuvre paraît d'autant plus fâcheuse que, n'ayant rien appris de l'Espagne, elle est toute parasite, n'ont même pas pour nous l'intérêt de Navarrete, resté médiocre malgré quelques efforts pour ne pas se laisser complètement absorber, et quelques audaces instinctives.

C'est loin de la Cour qu'il faut encore chercher quelque originalité dans cette Espagne unifiée sous des monarques très absolus. Luis de Vargas, éduqué en Italie, où il resta vingt-huit ans, revint à Séville ; bien que devant tout à ses maîtres de là-bas, c'est-à-dire une grande habileté jointe à une science un peu trop scolaire du morceau, il garda quelques qualités personnelles de mouvement et de discret réalisme qu'il doit à son origine. Sa fameuse *Apparition prophétique de la Vierge aux patriarches* (cathédrale de Séville, 1561) est désignée sous le nom de « *La Gamba* » (*La Jambe*) à cause de la belle jambe d'Adam, et cette appellation comprend à la fois tout l'éloge et toute la critique du peintre (pl. XXII).

Plus intéressant que Vargas, quoique bien imparfait, est un autre Andalou, Luis de Morales, de Badajoz, dont on a fort exagéré le mérite en le surnommant « le Divin ». Conventionnel outré, parfois bizarre, tantôt brutal et tantôt mièvre, toujours maniéré, Morales est inégal en son inspiration comme en son dessin et en sa couleur ; il est de ceux qu'il y a danger à trop exalter comme à trop rabaisser. Cela montre qu'il reste en lui beaucoup d'original sous un vernis mi-flamand, mi-italien, et ce compliment n'est pas banal à une époque où, cherchant enfin un grand peintre espagnol, on trouve un lointain étranger, le Greco, avec lequel du reste Morales a quelque parenté (pl. XXIII).

Mais avant de parler de ce Grec, n'oublions pas des peintres dont l'œuvre, pour la première fois, n'est pas un art d'église : il s'agit des portraitistes de cour que l'éclat de Titien n'a pas complètement éclipsés. Ils tiennent plus de la Flandre que de l'Italie, ayant comme chef de file Antonis Mor, d'Utrecht, peintre de la sœur de Charles-Quint, Marie de Hongrie, qui gouverna les Pays-Bas. Mor — ou Moro, de son nom espagnol, — est l'auteur du portrait célèbre de *Marie Tudor* qui est au Prado. Il y fit preuve, comme dans plusieurs autres effigies royales ou princières, d'une précision et d'une netteté tout hollandaises, qui ne surent pas toujours s'adoucir dans la grâce, mais qui furent d'un bon exemple pour le Portugais espagnolisé Sánchez Coello, son élève et son successeur comme portraitiste officiel. Le renom de Coello est digne de son mérite, bien que ce soit trop de l'appeler, comme le fit Lope de Vega, le « fameux Protogène espagnol » (pl. XXIV et XXV). Il vaut surtout comme le maître de Pantoja de la Cruz, ce Castillan trop sec, trop scrupuleux chercheur de la ressemblance photographique, comme nous dirions aujourd'hui, et minutieux copiste des vêtements, bijoux et accessoires, mais qui, avec ses deux prédécesseurs, évoque de façon si pittoresque la cour des grands Habsbourgs (pl. XXV) et, dans une page d'une merveilleuse intensité psychologique, s'est immortalisé par la lugubre image de *Philippe II* presque mourant (Bibliothèque de l'Escorial).

Le Crétois Domenikos Theotokopoulos (1548-1625) avait, aux environs de 1570, séjourné en Italie, principalement à Venise et à Rome. C'est là qu'on l'appela *il Greco*. A Venise il s'était mis à l'école de Titien, à Rome il s'éprit de Michel-Ange et de Raphaël et fut le protégé du miniaturiste Clovio. De tous les quatre il fut à coup sûr — ses tableaux d'Italie le montrent — un élève original, mais un peu déconcertant par sa façon d'interpréter les modèles qu'ils lui offraient. Transplanté en Espagne, on ne sait trop pourquoi ni comment, il se fixa à Tolède et s'imposa à l'attention par les peintures de San Domingo el Antiguo et l'*Espolis* (*Le Christ dépouillé de ses vêtements*) de la cathédrale. Titien et Michel-Ange l'inspiraient, avec quelques souvenirs byzantins, mais déjà sa forte personnalité s'y marquait par des allongements de formes, des hardiesses de mouvements, des alliances de couleurs, des nouveautés de composition, des effets de lumière, qui ne sont ni italiens ni espagnols.

Philippe II ne pouvait pas manquer de s'intéresser à cette gloire naissante. A la mort du Mudo, en 1580, il commanda au Grec, pour l'Escorial, un *Martyre de saint Maurice et de ses compagnons de la légion thébaine* (pl. XXVI). La toile, toute différente de ce qu'il aimait et avait accoutumé de voir, déconcerta le monarque, autant sans doute par la conception du sujet, où la scène du martyre est tout à fait secondaire et repoussée au dernier plan, que par l'anatomie des personnages, l'éclat très clair des couleurs et de la lumière. Plus sage dans ses audaces, moins téméraire dans ses nouveautés moins tapageuses, la *Gloire de Philippe II* ne contenta pas davantage le « Roi prudent ». Décidément le Greco n'était pas le décorateur rêvé pour l'Escorial. Il devait rester confiné à Tolède ; il ne faut peut-être pas s'en plaindre ; mais cependant....

C'est donc à Tolède, dans un milieu très original, auquel il s'adaptera avec aisance, que le peintre travaillera jusqu'à sa mort, en toute liberté d'inspiration et de recherche, exaltant, parmi les manifestations conciliées de la vie luxueuse du monde et de la foi mystique, son étrange génie.

On sait tout ce que Maurice Barrès a fait pour la gloire du Greco, qui lui révéla « le secret de Tolède ». Sans doute y a-t-il dans cette identification du peintre avec la cité un peu d'exagération et beaucoup de littérature. Mais si la thèse est surtout brillante, elle est pourtant solide en montrant l'effort génial du peintre vers un art détaché de la terre et tout inspiré de pensées et de passions divines. L'*Enterrement du comte d'Orgáz* en est le chef-d'œuvre (pl. XXVII). Mieux que tout autre tableau du maître, il nous révèle l'acuité de son observation terrestre et la sublimité de sa vision céleste, avec la merveilleuse adaptation de sa double technique. Car son pinceau a des façons bien diverses s'il peint le monde des Tolédans sombres et tristes, aspirant de cette vallée de larmes à la contemplation des vérités de la foi, et s'il peint l'au-delà où s'agitent dans un ciel de gloire, autour des êtres divins, les hommes transformés et transfigurés par le triomphe de la vie éternelle sur la mort terrestre.

Ainsi s'expliquent mieux que par la folie du peintre ou par le strabisme de ses yeux malades le contraste de ces portraits précis et réels, et pourtant inspirés d'idéalisme, ces portraits à la fois de visages et d'âmes, qui sont ses chefs-d'œuvre, comme *L'Inquisiteur Fernando Niño de Guevara*, de la collection Paredes de Nava (pl. XXVIII) ou *L'Homme à l'épée* du Musée du Prado (pl. XXIX), et de ces tableaux de religion où les corps saints et divins s'étirent, s'agitent en contorsions et, si l'on veut, se subliment et se colorent en dehors de toute vérité de nature, dans une lumière irréelle d'apothéose, la *Résurrection* du Prado, par exemple (pl. XXIX).

Cet art d'exception périt avec celui qui le créa et l'incarna. Le fils du Greco, Jorge Manuel, et son élève Luis Tristan n'étaient pas capables d'en entretenir la flamme, et, quoi qu'on en ait dit, l'influence du maître fut assez faible. De tels génies excitent parfois la copie servile, le plagiat, mais ne font pas école au sens large et sain du mot. L'astre fulgurant du Greco brilla à l'aube de l'âge d'or de la peinture espagnole, mais les soleils nouveaux, loin de son sillage, n'en reçurent qu'un lointain et très vague reflet.

CHAPITRE V

LE DIX-SEPTIÈME SIÈCLE. — L'ÂGE D'OR

Valence, où nous avons vu l'italianisme s'introduire et prendre racine à la fin du siècle précédent avec les Ferrando, Macip et Juan de Juanes, Valence a, la première, ses grands peintres au commencement du XVIIe. Francisco Ribalta (1555? -1628) avait voyagé en Italie, où il aima surtout Raphaël, Sebastien del Piombo et les Carrache. Il rapporta à Valence le goût du clair-obscur. Mais l'italianisme dont il était tout empreint n'aveugla pas en lui l'instinct de la race ; aux conceptions idéales de ses modèles étrangers il mêla le sincère réalisme qui devint alors de règle dans le royaume de Valence aussi bien qu'en Andalousie et en Castille. Quelquefois il est un peu rude, et tel de ses moines, comme le *Saint François d'Assise* du Prado contraste fortement avec le gracieux ange musicien qui jette dans la sombre cellule une suavité de lueur céleste (pl. XXX).

José de Ribera (1588-1656) fut l'élève génial de ce grave initiateur. Comme son maître, il put satisfaire son désir d'Italie, et c'est à Naples qu'il se fixa pour toujours après un séjour à Rome et à Parme. Ribera est une des plus grandes gloires de la peinture espagnole. Si Raphaël, les Carrache, le Caravage l'enthousiasmèrent, le Corrège ne l'émut pas moins, malgré la radicale diversité de leur nature. La peinture du Spagnoletto (l'Espagnolet, comme nous disons en France) dans sa composition et sa technique, doit beaucoup à ces différents maîtres ; mais elle ne doit qu'à lui sa puissance que personne, ni en Italie, ni en Espagne, n'égala. On a tout dit sur l'opposition toujours vive, parfois violente, des lumières et des ombres qui mettent en relief les corps précis jusqu'à la cruauté, et les visages sans autre beauté que leur puissante vérité (*La Trinité* du Prado ; pl. XXXI), et aussi le goût de l'artiste pour les scènes sanglantes de martyres. Son chef-d'œuvre, le *Saint Barthélemy*, offre le plus prodigieux exemple d'exaltation mystique sur le visage vulgaire d'un supplicié au corps magnifique d'esclave ou de débardeur (pl. XXXII). Bien rares les jours où le maître s'adoucit, s'attendrit presque ; l'*Immaculée Concep-*

tion de Salamanque (pl. XXXIII) est un sourire bien inattendu, à l'italienne, parmi les horreurs, où il se complaît, des martyres de saint Laurent, de saint André, de saint Sébastien, surtout de saint Barthélemy qu'on écorche vif, comme le Marsyas païen. Hors cette œuvre d'exception, il n'a nulle tendresse pour l'homme, qu'il peint sous une rude forme populaire, ni même pour la femme, qu'il semble peindre de préférence vieille et toute flétrie, sous l'aspect de sainte Marie-Madeleine au désert, ou d'une gravité très virile sous les traits d'une prétendue Sibylle qui n'est qu'une figure heureusement conservée d'un *Triomphe de Bacchus* inspiré d'un bas-relief antique de Naples, et détruit dans l'incendie du palais royal de Madrid en 1734. Ses effigies satiriques, son *Philosophe*, son *Archimède*, sont d'une ironie violente, et ses mythologies même, sans parler de son *Marsyas*, saint Barthélemy de l'antiquité, plusieurs fois répété, comme l'*Ivresse de Silène* ou la *Mort d'Adonis*, restent sombres et sans grâce, tandis qu'*Ixion* et *Prométhée* semblent annoncer de loin, en leur barbarie géante, l'horrible *Saturne* de Goya.

Après Valence, Séville. Juan de Roelas est né vers 1558 ; il est donc exactement le contemporain de Ribalta. Comme lui, il est allé chercher des leçons en Italie, d'où il a rapporté, avec une grande habileté de composition et une belle science de dessin, le goût et la maîtrise du clair-obscur. Sa ville est pleine de ses tableaux religieux, tous hardis et grandioses, savamment équilibrés et de couleur vibrante. Le *Saint André* du Musée de Séville (pl. XXXIII) montre, par une heureuse fiction, les jambes du saint crucifié encore dans les ombres de la terre parmi le grouillement de ses bourreaux et du populaire, tandis que son torse et sa vieille tête douloureuse s'élèvent et s'éclairent en un ciel lumineux, tout parfumé de fleurs et résonnant de musiques d'anges. Roelas est mort en 1625 ; c'est un grand artiste mal connu, un grand réaliste pieux, dont la renommée doit grandir et se répandre hors de l'Andalousie.

On lui a fait tort en attribuant à Herrera le Vieux (1576-1654) l'honneur d'avoir été l'initiateur de l'école sévillane. Cet artiste si discuté, que les uns ont appelé barbouilleur, les autres Titan de génie et Michel-Ange, est tour à tour plat et sublime, froid et ardent, calme et tumultueux; chez lui, tantôt la correction et la discipline, tantôt le mépris de tout principe et de toute loi ; derrière cette façade bariolée et changeante, ce fond de réalisme irréductible, qui a sauvé la peinture espagnole de l'accaparement italien. Son *Saint*

Herménégilde du Musée de Séville est une de ses œuvres caractéristiques (pl. XXXIV). Mieux valent les outrances et le délire de sa vieillesse que les timidités énervantes d'un Pacheco.

Celui-ci (1571-1654) est en complet contraste avec Herrera. Ce dernier, avec les dons d'un grand peintre, fut un professeur détestable ; les élèves fuyaient un atelier où s'exerçait son redoutable caractère ; Francisco Pacheco, peintre médiocre, et d'une pureté monotone, dessinateur habile, sage compositeur et pâle coloriste, avait un goût très fin des choses littéraires et même de l'art. Ce fut un aimable professeur éclectique, de bon conseil à défaut de bon exemple. Raphaël était son dieu, si bien que, dans son enthousiasme italien, il oublia qu'il était Espagnol. Sa gloire la plus sûre est d'avoir été le maître et le beau-père de Velázquez, le maître d'Alonso Cano et de Murillo. Et, phénomène rare, sur la fin de sa vie, il semble avoir un peu subi l'influence de ses élèves qui l'entraînèrent à une peinture plus solide et plus montée en franches couleurs, comme l'*Embarquement de Pierre Nolasque*, au Musée de Séville.

Pacheco avait fondé une école, la première Académie d'art espagnole. Velázquez y fréquenta, mais, comme il déserta de bonne heure Séville pour Madrid et suivit d'autres voies, c'est Alonso Cano qui surtout l'illustra. Cano fut un grand sculpteur ; sa gloire de peintre est peut-être moins méritée. Ses tableaux innombrables, répandus dans toute l'Andalousie, n'ont pas cette ardeur de mysticisme qui transfigure ses statues de *Saint Bruno*, de *Saint François*, ni le charme céleste de ses *Vierges* ou l'émotion douloureuse de ses *Christs crucifiés* (pl. XXXV). Pacheco a un peu édulcoré ce talent déjà trop porté vers la tendresse, et que n'avait pu enflammer le mol et blafard Juan del Castillo, son premier maître. Qui dirait que Cano, le chantre turbulent, colérique et fantasque, au demeurant excellent homme, le modeleur passionné du *Saint Bruno* de Grenade, est le peintre sans personnalité de l'incolore *Christ soutenu par un ange* du Musée du Prado (pl. XXXV) ?

Si Alonso Cano est trop loué de la postérité comme de ses contemporains, la gloire de Murillo (1618-1682) subit une éclipse, et cela n'est pas juste. Au Sévillan Bartolomé Esteban Murillo on reproche la douceur maniérée de ses Vierges Immaculées et leur convention banale, trop d'inconsistance et de mollesse dans la construction de ses personnages, une facilité rapide qui séduit un instant, mais à la réflexion laisse l'esprit insatisfait et le goût hésitant. Ce sont là des défauts assurément, mais on les exagère. Un peu sec au contraire et souvent dur au début de sa carrière (*La Cuisine des anges*, au Louvre ; pl. XXXVI), et épris, comme tous ses compatriotes, du réalisme qui lui inspira ses tableaux d'enfants du peuple comme le célèbre petit *Mendiant* du Louvre (pl. XXXVII), plus tard un peu trop assoupli, il est certain qu'il abusa de sa facilité comme de sa vogue et laissa partir de son atelier des œuvres qui, trop souvent, semblaient des redites et tombaient dans la convention. *L'Immaculée Conception* du Louvre, avec toute sa grâce charmante, lui a fait du tort ; mais faut-il pour cela oublier qu'aux plus heureux jours de sa splendide maturité, sur un fond solide de réalisme, qui est le témoin de sa bonne race, il a répandu le charme d'une ineffable poésie et l'harmonie enveloppante des plus chaudes couleurs ? Faut-il résister à la séduction de ses enfants divins, de la petite Vierge de la *Leçon de lecture* ou de l'*Enfant à la coquille* (pl. XXXVII), ce chef-d'œuvre doré ? Faut-il passer indifférent devant l'indicible mélancolie du *Songe du patricien* (pl. XXXVI) qu'illumine une radieuse apparition virginale ? C'est être injuste, redisons-le, que de ne pas admirer tout ce que l'enseignement de l'Italie a donné de beauté aux nudités des pauvres qui apparaissent dans *Sainte Élisabeth de Hongrie pansant les teigneux* (pl. XXXVIII) ou *Saint Thomas de Villanueva*, savantes et rigoureuses anatomies issues non de l'école, mais de la nature ; c'est être injuste que de ne pas louer quelques portraits pleins de sincérité sous la caresse d'une chaude lumière, et surtout la magnifique ordonnance de ces vastes compositions, *Le Frappement du rocher* ou la *Multiplication des pains* à l'Hôpital de la Charité, et l'équilibre et les admirables oppositions de personnages et de lumières dans les tableaux plus réduits, comme *Sainte Élisabeth* et *Saint Thomas*. Surtout c'est une iniquité de ne pas mettre tout au sommet de la peinture espagnole, à côté — nous ne voulons pas dire au niveau — de Velázquez les grandes toiles mystiques qui donnent tant d'éclat au Musée de Séville. Nous l'avons dit ailleurs et nous y insistons : ce n'est pas le Greco qui est le plus grand, le véritable peintre de l'Espagne mystique, le peintre-frère de la sainte d'Avila et de saint Jean de la Croix ; Murillo lui seul, Espagnol et issu du peuple, a traduit la foi du peuple espagnol ; lui seul a exprimé telles qu'elles furent les visions pour ainsi dire matérielles que les moines et tous les mystiques eurent de Jésus enfant ou de Jésus-Christ ou de la Vierge-mère.

Saint Antoine de Padoue tient tout près de son visage transfiguré, paternellement, le *Niño* qui le caresse ; et quand *Saint François renonçant au monde* embrasse le corps du Christ encore crucifié, le Christ, ô miracle ! ressuscite; réel, en cette vision, le Christ et non l'image du Christ, se détache à demi de la croix, penche son beau corps glorieux qui n'est plus sanglant, et parle, doux et tendre, incarnation matérielle de l'aimé près de l'aimant (pl. XXXIX). Comme cela est plus près de la pensée et du rêve, plus près de la vie, de la vraie vie espagnole que les hallucinations morbides du Grec illuminé !

C'est la mode aujourd'hui de sacrifier Murillo à Zurbarán ; pourquoi ne pas les égaler simplement dans une fraternité de gloire ? Francisco de Zurbarán Salazar (1598-1664), originaire d'Estramadure, mais fixé le plus souvent à Séville, est très grand par l'austérité émouvante de son art. Des Andalous, de tous les maîtres incontestés de son époque, il a les qualités d'observation pénétrante et le goût de la vérité pure, mais aussi le don tout spirituel d'entrer dans le monde surnaturel de la foi et d'en exprimer par le pinceau, avec une extraordinaire intensité, la pensée mystique. Avec moins de suavité sans doute, avec moins de poésie, de joie terrestre et humaine — on allait dire charnelle — que Murillo, Zurbarán est plus loin de la terre, plus près du ciel. Ses moines, qui sont ses chefs-d'œuvre, ont des visions, des apparitions intérieures, dont l'extase de leurs yeux est la seule révélation apparente, mais combien émouvante ! Leurs visages s'animent d'une passion religieuse si profonde, qu'à les contempler on s'émeut au point de communier avec leur âme bienheureuse et d'oublier presque la puissante maîtrise de l'artiste à peindre les robes blanches et les étoles noires tombant à grands flots simples et magnifiques (pl. XL).

Ce n'est pas que le génie qui se complaît au calme et à la majesté sévère ne sache s'adoucir ; il n'est pas incapable de grâce : *Jésus-Christ apparaissant au Père Salmeron* (au monastère de Guadalupe) (pl. XLI) est un poème de miséricorde et de bonté. Le geste du Christ posant sa main sur la tête du moine prosterné est délicat et tendre ; le Père regarde humblement le Sauveur avec un amour reconnaissant, et toute la scène s'enveloppe de suavité divine. N'était la vigueur du dessin et le relief de la peinture, ce serait, à proprement parler, le réalisme mystique de Murillo. Mais ces apparitions sont exceptionnelles. A Séville, au couvent des Mercenaires déchaussés (retable de San Pedro : *Vie de saint Pierre Nolasque*), au couvent de Saint-Bonaventure (*Vie de saint Bona-*

venture), au monastère de Guadalupe, où treize des plus importants tableaux du maître sont encore en place, les préférences de Zurbarán vont aux sages compositions bien équilibrées, aux scènes austères et simples, aux personnages graves (pl. XLI). S'il peint à Guadalupe, par exception, un tableau où le mouvement est essentiel, *Saint Jérôme flagellé par les anges en présence de Jésus-Christ*, les bourreaux célestes restent sans violence, le flagellé sans contorsions de souffrance, tout absorbé dans son extase. Est-ce à dire que le mouvement et la passion, sauf la passion mystique, sont exclus de son œuvre grandiose et sobre ? Il suffirait, pour prouver le contraire, de la magnifique *Apothéose de saint Thomas d'Aquin* (vers 1530) au Musée de Séville (pl. XLII), où le saint se dresse entre quatre docteurs, transporté par l'inspiration, sa tête transfigurée et sublime déjà dans le ciel, tandis qu'au-dessous des nuages, sur la terre, Charles-Quint s'agenouille, ceint de la couronne impériale, en un somptueux manteau de brocart d'or. Un vent de pensée, un vaste souffle de religion et d'idéal traverse la toile immense, où cependant tout reste près de la nature. On sait que les docteurs assis dans la gloire céleste, comme tous les personnages agenouillés sur la terre, sont des portraits ; toutes les attitudes, Zurbarán les dessinait d'après le modèle, toutes les étoffes après les avoir drapées sur le mannequin : telle était sa préoccupation de vérité. C'est ce réalisme de bon aloi qui donne leur charme à quelques œuvres de fantaisie où se délassait son imagination sublime : *Jésus enfant qui se pique en tressant une couronne*, qui n'est qu'un aimable *monaguillo*, un joli petit *spinario* chrétien, ou la pittoresque série des saintes : *Sainte Marine*, *Sainte Inès*, *Sainte Casilda*, d'autres encore, qui ne sont que des mondaines du temps, vêtues de riches atours anachroniques.

Quel contraste entre ce maître altier, si réfléchi à l'ordinaire dans ses conceptions grandioses, et Juan de Valdés Leal (1622-1690), son contemporain ! Celui-ci, trop peu connu hors d'Espagne, et même hors de Séville, sa patrie, est toute fougue et toute passion ; son imagination ardente ne réussit pas à le jeter hors de la nature, car il reste un réaliste souvent brutal, mais elle l'emporte hors des grandes routes communes, hors des règles. Comme sa pensée, son pinceau a toutes les audaces ; le peintre est ou excellent, ou franchement mauvais. Quand il est bon, il se révèle penseur hardi et profond aussi bien qu'exécutant prodigieux. Son « *Finis gloriæ mundi* », à l'Hôpital de la Charité de

Séville, est la plus violente dérision, la plus brûlante satire de la grandeur humaine que l'on puisse mettre en face de la fresque fameuse d'Orcagna (pl. XLIII). Son *Saint Jérôme flagellé par les anges* a toute l'agitation passionnée qui s'impose en un pareil sujet, et l'emporte de beaucoup, malgré des écarts de technique et de goût, sur le tableau analogue de Zurbarán (pl. XLIII). Dans les vastes ensembles dont il décora le couvent de Sainte-Claire à Carmona, chef-d'œuvre heureusement sauvé par M. Bonsor (Château de Mairena del Alcor), à côté de scènes prudemment composées, comme la *Sainte Claire recevant la palme* (pl. XLIV), où pourtant des visages si réels, d'une franchise souvent hardie, et des étoffes si magnifiques révèlent un ardent génie, la *Fuite des Sarrasins devant le Saint-Sacrement*, mêlée de corps culbutés dans un tumulte épique, est ce que seul de son temps Valdés Leal était capable d'oser. Qu'on vienne après cela, comme fit Ceán Bermúdez, le traiter de *farfullon*, autant dire bredouilleur ! Ne fût-ce que par le naturalisme macabre des *Postrimerias* (*Les Fins dernières*) et des têtes coupées, répugnantes parfois jusqu'à la nausée, qui l'ont fait nommer le « peintre des morts », ce prodigieux artiste s'est mis à part et hors des atteintes de l'oubli. Il fut un irrégulier, mais, en son temps et en sa ville, un créateur, ce dont il ne faut cesser de le louer.

On a peine à croire qu'Antonio Palomino y Velasco (1653-1726) ait été le disciple d'un tel maître. Plus connu comme écrivain que comme peintre (on l'a appelé le Vasari espagnol), ses œuvres religieuses, froides et correctes, le rattachent plutôt à Pacheco qu'à Valdés Leal.

L'école de Séville, si glorieuse, n'a pas le droit, par malheur, de revendiquer tout entier Velàzquez, comme Murillo, Zurbarán, Alonso Cano ou Valdés Leal. D. Diego Rodriguez de Silva y Velázquez (1599-1660), s'éleva et se forma dans sa ville natale. Très doué pour le dessin et la peinture dès son enfance, il se réfugia à l'école du doux Pacheco, ayant fui l'atelier du brutal et hargneux Herrera. Pacheco comprit son brillant élève, que sagement il évita d'entraîner dans sa propre voie de correction déprimante, mais dont il favorisa le goût pour la recherche de la vérité, et l'aima au point de lui donner sa fille en mariage.

C'est en 1622, à vingt-trois ans, que Vélázquez (il avait pris, on ne sait pourquoi, le nom de sa mère de préférence à celui de son père), partit pour la

Castille, poussé, dit-on, par le désir de voir l'Escorial. Jusque-là il avait surtout exécuté de ces tableaux, d'un si grand intérêt pour l'explication de son génie, que l'on appelle improprement, sans distinguer, des *bodegones*, scènes et personnages populaires accompagnés de natures mortes, où il se forma si ingénieusement au meilleur réalisme et à l'art du portrait.

Et, de fait, si à Madrid, grâce à la protection d'Olivares, il se fit immédiatement à la Cour une situation privilégiée, c'est que le premier portrait qu'il peignit de Philippe IV enchanta le monarque. Dès lors il devint l'Apelle de ce roi, qui fut bien loin, par malheur pour l'artiste, d'être un Alexandre. Il se fixe alors à Madrid, reçoit une pension et ne fait plus que s'élever sur le chemin de la considération, des charges et des honneurs. Faut-il se plaindre que le grand artiste se soit laissé enchaîner dans cette semi-domesticité officielle ? D'aucuns le prétendent et auraient peut-être raison, si Velázquez avait réduit son rôle à celui de portraitiste du roi, des princes et des courtisans. Cependant, ce rôle même de portraitiste nous le montre très grand.

Fidèle à ses instincts sévillans et à sa formation d'adolescent et de jeune homme, qui l'avaient fait essentiellement réaliste, il peint les visages de ses nobles modèles avec une sincérité de nature qui n'admet ni flatterie, ni subterfuge ; mais toujours la vérité, même si elle n'est point belle, il la relève d'une observation psychologique si profonde que l'on oublie ce qu'il peut y avoir de médiocre et de peu séduisant dans les traits pour en admirer le caractère et s'extasier devant un art de dessin et de couleur qui n'a pas de rival. La triste figure de Philippe IV, aux yeux morts, au lourd menton tombant, que le monarque apparaisse à pied ou à cheval, en pourpoint sombre, en costume de cour, en habit de chasse, garde en sa mélancolie une fierté assez hautaine qui a tout de même quelque chose de royal, et les princesses emprisonnées dans leurs cruels *corpiños* et leurs encombrants *guardainfantes* conservent dans ce ridicule accoutrement une certaine grâce majestueuse.

D'ailleurs, et par bonheur, il est des portraits où le maître se livre à la joie de se relâcher de sa gravité officielle. Il a caressé d'un pinceau presque tendre de délicieuses effigies d'enfants ; *Baltasar Carlos*, ce petit prince qui nous semble tout aimable, rejeton trop débile pour vivre et pour régner d'une race épuisée, en costume de chasse, près de son gros chien, ou galopant en armure de gala sur son étonnant poney inoubliable (pl. XLV), et *Doña Margarita María* (pl. XLV), la gracieuse petite infante des *Ménines*, sont les fleurs d'arrière-saison d'une tige royale étiolée et périssante. Velázquez vraiment s'est attendri sur leur joliesse, son art s'est assoupli pour nous les rendre charmants, d'une grâce ingénieuse et spirituelle.

Comme il est naturel, les portraits n'absorbèrent pas Velázquez tout entier ; cependant ce n'est que six ans après son installation définitive à Madrid qu'il semble se souvenir de ce qui passionna son talent à sa naissance : les scènes de mœurs populaires. Les fameux *Borrachos* (*Les Ivrognes*) sont de 1629 (pl. XLIV). La truculence du sujet et des types, l'éclat brutal et pourtant harmonieux des couleurs, ont rendu l'œuvre particulièrement célèbre ; elle est essentiellement réaliste ; le génie du peintre y est rendu pleinement à sa nature ; mais elle a surtout l'honneur de nous faire prévoir et de nous expliquer toute la série des fous, nains et bouffons qui nous retiendront tout à l'heure.

Le peintre des portraits et des *Borrachos* était capable désormais d'entreprendre des tableaux de plus vaste envergure. Contemporaine des *Borrachos* était *L'Expulsion des Morisques*, un chef-d'œuvre malheureusement détruit, où sur l'ordre de Philippe IV, et peut-être aussi poussé par un ambitieux désir, Velázquez se mesura avec la lignée italienne des *Escorialenses*, peintres officiels d'histoire : Vicente Carducho, frère de Bartolomeo Carducci, Eugenio Caxes, fils de Patricio Caxesi, et leurs pâles émules espagnols : Felix Castelo, Antonio Pereda, José Leonardo. Il les vainquit, mais nous ne savons rien de l'œuvre, qui triompha sans peine, on peut le croire.

C'est après ce succès que Velázquez fit un premier voyage en Italie ; en 1628 il avait eu le grand honneur de fréquenter assidûment Rubens, venu à Madrid en ambassade, et de lui servir de guide ; mais il ne semble pas qu'il ait été fort impressionné par l'art du grand maître d'Anvers, si différent du sien, et si peu fait pour le séduire. Au contraire, durant son séjour à Ferrare, à Rome, à Naples, il s'intéressa vivement aux chefs-d'œuvre de la Renaissance italienne. On sait qu'il copia à Venise des Tintoret, à Rome des fresques de Raphaël, et le *Jugement dernier* de Michel-Ange ; mais il fut sans doute un peu déconcerté par des œuvres pour lui si nouvelles et si distantes de ses inspirations. La *Tunique de Joseph* et la *Forge de Vulcain*, qu'il peignit en Italie sous ces influences, ne sont pas, à notre avis, parmi ses meilleures toiles.

Nous le retrouvons mieux lui-même et plus puissant en Espagne. C'est à son retour qu'il exécuta le chef-d'œuvre connu sous le nom *Les Lances*, dont le sujet est la *Reddition de Breda au marquis Ambrosio Spinola*, en 1626. On ne sait qu'y admirer davantage : la composition si savamment pondérée, sans monotonie ni raideur, l'attitude bienveillante du vainqueur et l'humilité sans bassesse du vaincu, les types savamment opposés des officiers et des soldats des deux armées, le merveilleux fond de plaine où fume l'incendie de la ville prise, ou la magie des couleurs (pl. XLVI). Désormais, d'ailleurs, les chefs-d'œuvre se succèdent. L'un des plus émouvants est le *Christ en croix* peint pour les Bénédictins de Saint-Placide à Madrid (1633), actuellement au Musée du Prado, d'une simplicité tragique, où le corps divin rayonne d'une pure lumière immatérielle ; la *Vénus au miroir*, de la National Gallery, la seule nudité de femme qu'ait peinte Velázquez, Vénus très peu mythologique, mais d'une aussi grande hardiesse d'attitude et de ligne que de maîtrise de pinceau.

Et ainsi va l'artiste, nous ne dirons pas progressant, mais s'épanouissant sans cesse, jusqu'à son second voyage en Italie, en 1648, où il avait la mission d'acheter des tableaux pour la collection royale. Son séjour à Rome fut signalé par les deux charmantes vues qu'il peignit des *Jardins de la Villa Médicis* (Musée du Prado) et surtout par le plus merveilleux portrait sorti de sa main, celui du *Pape Innocent X* (Galerie Doria, à Rome ; pl. XLVII). Jamais aucun artiste n'a poussé plus loin le scrupule de peindre dans toute sa laide vérité un modèle aussi maltraité par la nature — et un pape encore ! — ni en même temps l'art de donner à des traits affreux la grandeur que doit leur imprimer une mission sublime. Que Velázquez se soit inspiré du portrait de l'inquisiteur Guevara, l'un des plus prestigieux du Greco, cela n'est pas douteux, et la comparaison s'impose ; mais, quoi qu'il en soit, le maître a écrit avec le teint vineux d'Innocent et le chatoiement ardent de sa pèlerine une symphonie en rouge qu'anime d'un éclair troublant l'acuité des petits yeux perçants.

De cette date (1651) jusqu'à sa mort, pendant neuf ans, Velázquez ne faiblira pas un instant ; il marchera de chef-d'œuvre en chef-d'œuvre. De cette époque sont les *Ménines* (Musée du Prado ; pl. XLVIII), ce tour de force où, dans un éclairage dangereux pour tout autre que lui, se détachent avec tant de simplicité et de vie pittoresque, devant Philippe IV et la reine Marianne d'Autriche, la jolie petite infante Marguerite-Marie avec ses suivantes et ses nains pitoyables, Mari-Barbola et Nicolasito Pertusato, sans oublier son bon gros chien patient. Pour beaucoup les *Ménines* sont le chef-d'œuvre des chefs-d'œuvre Citons encore *Mercure et Argus*, où l'artiste recrée à sa façon l'épisode mythologique si connu. Mais arrêtons-nous sur *Les Fileuses* (*Las Hilanderas*), que l'on appelle aussi parfois par erreur *Les Parques*, et qui représentent en réalité l'intérieur de la manufacture de tapis de Santa Isabel à Madrid (Musée du Prado ; pl. XLIX). Cette grande toile semble avoir été peinte par Velázquez pour résumer en un seul tableau, unique au monde, toutes les forces originales de son génie. Les *Fileuses* nous offrent les fruits suprêmes et splendides d'une longue et puissante observation de la nature, d'un réalisme aussi sincère que libre, cela joint à la plus savante technique et la plus personnelle. C'est le triomphe des formes les plus vraies et les plus justes modelées, plutôt que dessinées avec une correcte rigueur, en pleine pâte colorée dans l'air et la lumière.

Contemporains enfin sont les inoubliables portraits du bouffon surnommé *Don Juan d'Autriche* et du nain *Antonio l'Anglais* ; frères cadets des extraordinaires *Ésope* et *Ménippe*, de *Pablo de Valladolid* et de *Sebastian de Mora*, ils ont dans leur bassesse ou leur difformité plus de libre franchise. Ils sont peints dans leur réalité pénible avec plus de verve et de brio et avec tout autant d'esprit. Mais où surtout Velázquez paraît très grand, c'est à représenter l'*Idiot de Coria* et *L'Enfant de Vallecas* (pl. L), deux lamentables épaves de l'adolescence et de l'enfance dégénérées, qui émeuvent jusqu'aux larmes, car le maître nous y dévoile comme dans un sanglot l'âme la plus tendre, que la vie factice de la Cour et la fréquentation des grands de la terre n'ont pu dessécher ; il s'y révèle douloureusement passionné de tendresse charitable, cet artiste parfait à qui l'on n'a pas craint de reprocher un peu légèrement de manquer de passion.

La critique s'est attachée avec un soin particulier à distinguer plusieurs périodes dans l'art de Velázquez, périodes dont il est assez malaisé de fixer les limites. De fait, des œuvres de sa jeunesse à celles de sa maturité et celles de ses dernières années, la distance parcourue est grande. Son art un peu rigide et, pour ainsi dire, linéaire se transforme par degrés en un art plus souple ; à mesure qu'il se simplifie, il prend un souci nouveau de l'air et de la lumière, qui façonnent les formes et leur donnent le relief ; à mesure que, tout en restant très près de la nature, modèle suprême et suprême inspiratrice, il s'efforce vers une synthèse savante, il crée de la vie avec de l'observation et de la pensée. C'est pour cela qu'il est peut-être le plus grand des peintres et, dans tous les cas, le plus complet. Né avec les qualités les plus sûres de la vision et de l'observation, le sentiment le plus parfait de la forme et de la couleur, avec l'amour de la nature et de la vérité, servi par le goût le plus pur et le plus délicat, il a su, dans la dignité d'une vie sereine, dans la méditation et l'étude, dans le travail réfléchi et sans hâte de son calme atelier, s'élever, par une suite de progrès solidement étagés, jusqu'aux sommets où l'art, dégagé comme il faut de la matière, la domine, lui impose sa pensée et la recrée à sa guise pour l'immortalité.

Auprès d'un Velázquez, des artistes médiocres doivent rester dans l'ombre, de très bons pâlissent. De ses disciples et de ses imitateurs, Juan de Pareja, surnommé « l'esclave de Velázquez », n'est que la doublure du maître ; Juan Bautista Martínez del Mazo, son gendre, est plus habile, et tel de ses tableaux, comme *La Famille de l'artiste*, au Musée de Vienne, a pu tromper des admirateurs mal avertis et passer pour une œuvre du maître, malgré sa lourdeur un peu commune. Il se dédia complaisamment au genre du paysage animé, sans s'y marquer une place de premier rang.

Il serait injuste de ne pas faire ici leur place à deux peintres de valeur inégale, Cerezo et Antolinez, dont le premier surtout commence à attirer l'attention louangeuse de la critique. Mateo Cerezo (1635-1675) est très indépendant de Velázquez, qui n'eut d'influence sur lui ni par sa vision, ni par sa technique, et se distingue d'ordinaire par un réalisme fougueux (pl. LI). José Antolinez (1639-1676) a des qualités d'abondance de dessin et de composition, mais il devient aisément banal et théâtral (pl. LI). Parfois il sut adoucir son talent et sacrifier aux grâces, et ses *Vierges* et ses *Jésus* ont comme un reflet de la suavité de Murillo. Il le cède pourtant de beaucoup à Juan Carreño de Miranda (1614-1685), de qui l'on s'efforce aujourd'hui de raviver la mémoire, et qui le mérite. Très attaché aux exemples de Velázquez, dont il a profité largement, il a su rester original par tout ce qu'il dégage du visage, de l'attitude, du vêtement de ses modèles, et l'atmosphère chaude et comme palpable dont il les enveloppe (pl. LII, LIII). *Marianne d'Autriche*, seconde femme de Philippe IV, en habit de veuve ou en habit de religieuse, pâle, bouffie et triste, sans majesté, comme sans beauté (pl. LIII) ; *Charles II l'Ensorcelé*, blafard, le menton en galoche, les yeux vides comme le cerveau, restent les images inoubliables d'une race et d'une dynastie agonisantes.

Et pour cela Carreño de Miranda est supérieur à Claudio Coello (1642-1693), que l'on célèbre un peu trop d'ordinaire comme le dernier représentant de l'école madrilène de la bonne époque. Peintre religieux d'une habileté toute scolaire, très correct et parfois non sans mouvement et sans poésie, comme dans l'*Apothéose de saint Augustin*, au Prado (pl. LIV), il s'honora par une œuvre féconde et conquit auprès de ses contemporains une renommée que la postérité aurait quelque peine à transformer en gloire.

CHAPITRE VI

LE DIX-HUITIÈME SIÈCLE ET LE DÉBUT DU DIX-NEUVIÈME

C'est donc vraiment avec Carreño que l'or du grand siècle jette un dernier éclat. Au XVIIIe siècle, la peinture espagnole, épuisée par l'effort grandiose de Velázquez, s'enlise rapidement dans la médiocrité d'une impitoyable décadence. L'avènement des Bourbons ouvre une ère nouvelle, qui ne fut pas brillante. Il régna désormais des influences étrangères au détriment du génie national. Les préceptes et les exemples, d'ailleurs souvent contradictoires, des Français Michel-Ange Houasse, Jean Ranc, Michel Vanloo, plus tard de l'Italien Tiepolo, venu en Espagne en 1762, et de l'Allemand Raphaël Mengs, appelé par Charles III en 1761, inclinèrent fâcheusement la peinture espagnole vers l'académisme, dont la création de l'Académie de San Fernando, en 1752, fut la consécration plutôt que le point de départ. Certes les portraitistes français apprirent aux portraitistes espagnols de ce temps des élégances spirituelles et lumineuses dont, même après Velázquez et Carreño, ils purent tirer quelque profit ; Mengs l'Allemand leur enseigna ce que l'on peut tirer de la brillante richesse des toilettes et des parures de cour ; mais ce sont là des petits côtés de l'art. Le grand décorateur vénitien leur montra la grâce des grandes compositions mythologiques et profanes dans la clarté joyeuse. Mais toutes ces leçons, où la convention et le savoir-faire l'emportaient sur l'inspiration comme sur l'observation, et, partant, si contraires aux instincts espagnols, ne pouvaient que former des artistes hybrides, sans force et sans personnalité.

Tel fut Andrés de la Calleja (1705-1785), auteur de grandes compositions banales et de pompeuses allégories, qui pourtant fut comblé de tous les honneurs de cette Académie qu'il contribua à fonder, et dont il fut, à trente-neuf ans, le premier directeur. On doit lui préférer Luis Menéndez (1716-1780), qui eut la modestie de se cantonner dans la nature morte, où du moins il se tenait, par force autant que par goût, assez près de la réalité. De même, Luis Paret y Alcazar (1747-1799) eut le bon goût de se restreindre au paysage et au tableau de genre. Habilement formé au dessin par le Français Charles-François de la Traverse, qu'un ambassadeur avait emmené en Espagne, il a laissé quelques pages aimables et pittoresquement documentaires, comme *Las Parejas Reales* (*Le Carrousel*), souvenir d'une belle fête hippique donnée à Aranjuez en 1773 (pl. LV).

Mais que dire de José del Castillo (1737-1795) ? C'est le type de la fécondité banale et présomptueuse, célèbre en son temps, mais pour peu de temps. Tous les succès et tous les honneurs académiques n'empêchèrent pas qu'il soit fatigant et médiocre et que l'oubli définitif qui le guette ne soit justifié.

Francisco Bayeu y Subias (1736-1795), formé à l'école de Mengs, dont il fut le favori, a eu la bonne fortune d'être le beau-frère de Goya et d'être mêlé à la carrière comme à la vie du génial Aragonais. A ne le juger que par ses onze immenses fresques blafardes et froides du cloître de la cathédrale de Tolède (*Vies de saint Euloge, saint Eugène, sainte Casilda* et d'autres), il n'aurait eu ni verve ni originalité, ni même de vrai talent, à peine de sages qualités de dessin ; mais il se rachète par quelques petits tableaux de scènes populaires, modèles de tapisseries, qui sont d'une observation assez franche, et préludent modestement aux fameux cartons de Goya (pl. LVI). Chose curieuse, parfois, sous l'influence de son beau-frère, il se révèle excellent portraitiste, capable d'un art tout différent de celui où il cherchait le succès et la renommée, et combien supérieur ! Trois têtes précieusement conservées au Musée de Saragosse (pl. LVI) ont fait illusion longtemps, au point qu'on les a crues de la main de Goya.

Citons en passant, sans appuyer, Mariano Salvador Maella (1739-1819), qui fut le collaborateur de Bayeu à Tolède et, durant sa longue vie, a répandu comme lui, à foison, des décorations sans originalité, sinon parfois sans mérite. C'est un très bon élève de l'Académie et de Mengs, et voilà tout.

Goya fit l'effet d'un météore dans ce ciel gris et terne. Le génie espagnol, qui se mourait, comme exilé sur sa propre terre, ressuscite avec un glorieux éclat quand apparaît cet homme unique et inespéré.

Francisco Goya y Lucientes, né le 30 mars 1746 à Fuendetodos, près de Saragosse, ne mourut que le 16 avril 1828 à Bordeaux, à l'âge de quatre-vingt-deux ans. Sa longue vie fut occupée par un travail acharné et passionné, entremêlé de voyages et, si l'on en croit la légende, d'aventures. Sans doute, parce qu'il avait un tempérament ardent et passionné, a-t-on mis dans son histoire plus de roman qu'elle n'en eut en réalité. Tout prouve, que malgré des écarts indéniables, il fut bon époux, ou, du moins, que sa femme l'aima inconstant ; et toujours il se montra excellent fils, excellent père, excellent frère. Les succès que sa peinture et l'originalité de son esprit et de son caractère lui valurent dans tous les mondes le grisèrent parfois, surtout ceux qu'il obtint à la Cour et chez les grands. Mais cette vie *airosa* qu'il mena fut l'excitant de son génie et donna à son pinceau, qu'il promena du sublime au trivial et même à l'horrible, cette diversité extraordinaire en quoi nul artiste d'aucun temps ne peut rivaliser avec lui. Fresques, tableaux, eaux-fortes, lithographies, dessins, croquis, partout il excelle et met sa marque, qui n'est qu'à lui et restera sienne après lui comme de son vivant. Dans tous les genres il crée des chefs-d'œuvre ; bien plus, il crée des genres, conçus à sa taille, propres à son génie.

Goya se réclamait de trois maîtres, car son professeur de Saragosse, l'obscur José Lyas Martínez, ne compte vraiment pas (et Goya faisait fi des leçons que, jeune encore, il était allé chercher en Italie). Ces trois maîtres étaient la Nature, Velázquez et Rembrandt. Peut-être parlait-il de Velázquez parce qu'il avait gravé à l'eau-forte quelques-unes de ses œuvres et pour rendre hommage au plus grand peintre de son pays, mais il ne semble pas qu'il lui doive beaucoup, du moins autant qu'à Rembrandt, duquel il apprit les secrets de l'ombre et de la lumière. Quant à la nature, qu'il nommait la première, elle fut certainement sa grande éducatrice. Du moins c'est elle qui apparaît, souveraine, dans les plus importantes comme dans les plus menues productions de l'artiste, et c'est elle qui, du premier jour où il se sentit lui-même, après quelques tâtonnements de jeunesse, l'enleva bien haut au-dessus de ses contemporains, ces victimes de la convention et de l'insupportable banalité académique.

Les portraits de sa main sont innombrables, et jamais au cours de sa carrière, dans ce genre si difficile, son pinceau n'a faibli. A quelque monde qu'appartienne son modèle, à la cour, à la ville, au peuple, il le fait vivre d'une vie intense, dans sa beauté ou dans sa laideur, avec son charme et sa grâce, sa superbe ou son humilité. La *Famille de Charles IV* (Musée du Prado ; pl. LVII) est un de ces chefs-d'œuvre. Goya est toujours sincère et franc, parfois brutal et l'on pourrait dire aussi, méchant ; mais sur tous les traits que lui fournit la nature il jette la magie de son style, toujours brillant, jamais monotone ; à côté du moindre des portraits qu'il signa, toute l'œuvre de Mengs, avec son clinquant, faiblit, s'efface et disparaît.

Peintre d'histoire, de quelle fureur populaire il anime le *Massacre des mameluks le 2 mai 1808 à la Puerta del Sol* ! de quelle épouvante tragique, il nous secoue en montrant les patriotes fusillés la nuit suivante à la lueur lugubre des lanternes (pl. LVIII) ! Et ses eaux-fortes, *Les Désastres de la guerre*, ont la même farouche grandeur, émouvante jusqu'aux larmes et aux frémissements, que ce lugubre épisode de la nuit du 3 mai.

Peintre religieux, Goya n'a pas une bonne renommée. Les jolis anges mondains parés de tissus changeants et d'ailes diaprées de papillons, les belles dames en voluptueux atours et les provocantes *majas* des fresques de San Antonio de la Florida lui ont fait tort, comme si cet art profane, et très profane, offensait la foi des âmes mystiques. Peut-être est-ce exact, bien qu'il y ait matière à discussion ; mais qu'on nous cite un tableau plus sublime d'expression mystique que la *Communion de saint Joseph de Calasanz* (pl. LIX) !

Peintre de nudités, la *Maja nue*, à laquelle fait pendant un autre tableau représentant la même *maja* habillée, est la fleur de chair d'où s'exhale peut-être le parfum le plus troublant et le plus voluptueux dont un peintre se soit enivré et nous enivre nous-mêmes (pl. LX).

Peintre de genre, Goya, en sa fantaisie outrancière, s'égaie jusqu'au gros rire carnavalesque de l'*Enterrement de la sardine* (pl. LXI), se répand en ricanements sardoniques aux satires cruelles des *Caprices* et des *Proverbes*, sanglote aux spectacles des scènes d'Inquisition ou d'exorcisme comme aux drames des maisons de fous ou aux tortures des suppliciés *(Le Garrot,* Musée de Lille ; pl. LXI*)*. Mais qu'on lui demande des cartons pour la Manufacture de tapisseries, tout un monde spirituel et joyeux naît par enchantement de sa verve amusée. Jeux d'enfants et jeux de jeunes oisifs, cerf-volant, colin-maillard ou pantin berné, danses et repas champêtres au bord du Manzanarès calomnié, jeux galants et jeux de prunelles, majos et majas, mozas à la fontaine, gracieux seigneurs à la vendange, noce faraude de village (pl. LXII), c'est le triomphe de la variété, de l'abondance facile, du bon goût et de la bonne humeur, le triomphe aussi de la couleur vive et riante jetée d'un pinceau léger qui se joue dans la lumière. Enfin, quand, vieux et sourd, dans la solitude de sa maison du Manzanarès, sa *quinta del sordo* (maison du sourd), où son imagination s'exalte jusqu'à la folie, Goya s'abandonne à ses rêveries de visionnaire halluciné, sur les murailles qui l'entourent naissent les abracadabrantes sorcelleries, tout un monde difforme et caricatural à outrance, qui s'agite dans le noir avec des grimaces, des rictus et des contorsions affreux, et les scènes diaboliques, d'où sort une mystérieuse épouvante, aboutissent à ce monstre en qui se résume toute la hantise du crime, du sang et de l'effroi, le *Saturne* hideux, telle la plus répugnante bête préhistorique, le regard fou, la gueule dégouttante, déchiquetant le grêle corps déjà décapité de son enfant.

Tout l'œuvre gravé du maître, ses eaux-fortes, ses lithographies, tous ses innombrables dessins font pourtant corps intimement avec sa peinture, qu'ils expliquent parfois et complètent toujours. Dans les *Caprices* (pl. LXIII) et les *Proverbes,* Goya s'abandonne sans contrainte à toute la fougue d'une improvisation que rien ne lasse ni n'arrête. Sa passion satirique tantôt s'égaie en des scènes de haute comédie, tantôt ricane, ou mord, ou déchire jusqu'au sang. Sa caricature cruelle n'épargne ni le sexe, ni l'âge, ni la condition, ni le rang. Parfois aussi sa fantaisie rêveuse le jette hors de ce séjour terraqué dans le monde hallucinant des sorcières et des fantômes. Les légendes dont il souligne tant de ses dessins plaisants ou méchants, légendes tourmentées, obscures, mais jamais banales, doublent le prix de ces élucubrations prodigieuses, révélatrices qu'elles sont d'un génie qui saute d'un gros rire populaire, trivial, obscène même, aux pensées de la plus sombre philosophie du sarcasme qui bafoue le ridicule (pl. LXIII) à la désespérance du « *Nada* » : « Rien, il n'y a rien ! » et du « *Nada* » aux visions de beauté sociale, faisant briller le soleil de la Justice au-dessus des foules extasiées ou tremblantes et jaillir la lumière des ténèbres (*Ex tenebris lux*). Les *Désastres de la Guerre* sont des pages affreuses et sublimes, où le patriotisme exalté, quoiqu'intermittent, du maître s'élève des spectacles lamentables de la guerre de l'indépendance espagnole aux horreurs sans lieu ni date de la Guerre, la guerre en soi, folle et sanglante (pl. LXIV). Il se complaît, dans les scènes de la *Tauromachie* (pl. LXIV), au souvenir des fêtes émouvantes qui toute sa vie le passionnèrent, surtout lorsqu'en sa jeunesse il se risquait à combattre lui aussi ses nobles héros encornés. Enfin il se répand jusqu'à sa dernière heure dans mille dessins, mille pochades, mille croquis sans lien ni suite, laissant éclater sa joie d'observer et de penser dans un monde où tout lui est matière à rire, à gronder ou à pleurer. Par toute cette partie de son œuvre aussi Goya est grand, de la même grandeur, il est dominateur, il est unique.

Des très grands hommes il ne peut pas être de monnaie : Louis XIV n'eut pas la monnaie de Turenne ; l'art espagnol n'eut pas celle de Velázquez ni de Goya. Goya, très nettement, et pour longtemps, ferme un cycle. Le XIXe siècle, après lui, comme le XVIIIe après Velázquez, erre dans les ténèbres.

Mais après une longue nuit voici que semble poindre une aurore. Aux deux génies inimitables qui ont incarné l'âme même de l'Espagne avec toute sa passion de réalisme et sa soif d'idéal, avec ses sagesses et ses outrances, vient peut-être se lier de nos jours une postérité lointaine, abreuvée comme eux aux pures sources où toujours l'Espagne alimenta sa gloire.

BIBLIOGRAPHIE SOMMAIRE

Ouvrages généraux.

CEÁN BERMÚDEZ, *Diccionario de los mas ilustres profesores de Bellas Artes en España.* Madrid, 1800. 6 vol,

Charles BLANC, *Histoire des peintres : École espagnole.* Paris, 1880.

P. LEFORT, *La peinture espagnole* («Bibliothèque de l'Enseignement des Beaux-Arts»). Paris, 1894.

Marcel DIEULAFOY, *Espagne et Portugal* (collection «Ars una»). Paris, 1913.

Histoire de l'art depuis les premiers temps chrétiens jusqu'à nos jours, publiée sous la direction de André MICHEL, Paris, 1905 et suiv. : *L'Art en Espagne,* par Émile BERTAUX (t. II, 1re et 2e parties ; t. III, 2e partie ; t. IV, 2e partie ; t. V, 2e partie) et Pierre PARIS (t. VI, 1re partie ; t. VII, 2e partie ; t. VIII, 2e partie).

Études de détail.

J. MARTÍ y MONSÓ, *Estudios históricos artísticos.* Valladolid, 1853-1901.

L. VIARDOT, *Les Musées d'Espagne.* Paris, 1852.

Pedro de MADRAZO, *Viaje artístico de tres siglos por la colecciones de cuadros de los Reyes de España.* Barcelona, 1884.

GESTOSO y PÉREZ, *Sevilla artística y monumental.* Séville, 1889-1893, 3 vol.

E. TORMO y MONSÓ, *Desarrollo de la pintura española del siglo XVI* (dans *Varios estudios de Artes y Letras*). Madrid, 1902.

S. SEMPERE y MIQUEL, *Los cuatrocentistas catalanes.* Barcelone, 1905-1906. 2 vol.

Les Pintures murals catalans (publiées par l'«Institut d'estudis catalans»). Barcelone, s. d., 4 fasc.

J. SANCHIO y SIVERA, *Pinturas medievalas en Valencia.* Barcelone, 1916.

SERRANO y SANZ, *Documentos relativos a la pintura en Aragón durante los siglos XIV y XV.* Madrid, 1917.

C. JUSTI, *Estudios de arte español* (traduit de l'allemand). Madrid, s. d., 2 vol. (Le texte allemand, Berlin, 1908).

E. BERTAUX, *Études d'histoire et d'art.* Paris, 1910.

E. BERTAUX, *Catalogue de l'Exposition rétrospective de Saragosse.* Saragosse et Paris, 1910.

N. SENTENACH, *The painters of the school of Seville.* London, 1911.

DE BARCIA, *Catálogo de la colección de pinturas del Excmo Duque de Berwick y Alba.* Madrid, 1911.

A.-L. MAYER, *Die Sevillaner Malerschule.* Leipzig, 1912.

A.-L. MAYER, *Meisterwerke der Gemäldesammlung des Prado in Madrid.* Munich, 1922.

Mme L. ROBLOT-DELONDRE, *Portraits d'infantes, XVIe siècle.* Bruxelles et Paris, 1913.

Pedro de MADRAZO, *Catalogue des tableaux du Musée du Prado* (édition française). Madrid, 1913.

G. GEFFROY, *Les Musées d'Europe : Madrid.* Paris, s. d.

Aureliano de BERUETE y MORET, *Catálogo de la exposición de retratos de mujeres españolas por artistas españoles anteriores a* 1850. Madrid, 1918.

Aureliano de BERUETE y MORET, *Spanish painting.* London-Paris-New-York, 1921.

Joaquin FOLCH y TORRES, *Museo de la Ciudadela* (Barcelone) : *Catálogo de la sección de arte románico*. Barcelone, 1926-1928, 2 vol.

José LAZARO, *La colección Lazaro de Madrid*. Madrid, 1926-1928, 2 vol.

Aureliano de BERUETE y MORET, *Historia de la pintura española del siglo XIX*. Madrid, 1926.

Monographies d'artistes.

E. TORMO y MONSÓ *Jacomart*. Madrid, 1913.

Berjano ESCOBAR, *El divino Morales*. Madrid, s. d.

P. LAFOND, *Ribera et Zurbarán*. Paris, s. d.

José CASCALES y MUÑOZ, *Francisco de Zurbarán*. Madrid et Séville, 1911.

P. LEFORT, *Murillo et ses élèves*. Paris, 1892.

K. JUSTI, *Murillo*, 2e éd. Leipzig, 1904.

P. LAFOND, *Murillo*. Paris, 1907.

J. GESTOSO y PÉREZ, *Biografia del pintor sevillano Juan de Valdés Leal*. Séville, 1917.

P. LAFOND. *Juan de Valdés Leal*. Paris, s. d.

M.-B. COSSIO, *El Greco*. Madrid, 1908, 2 vol.

A.-L. MAYER, *El Greco*. Munich, 1901.

Maurice BARRÈS, *Le Greco ou le secret de Tolède*. Paris, 1910.

G. BERITENS, *Aberraciones del Greco cientificamente consideradas*. Madrid, 1913.

Pierre PARIS, *Au cœur de l'Espagne mystique : Greco, Murillo, Zurbarán* (*Revue de Paris*, mars 1927).

Cruzada VILLAAMIL, *Anales de la vida y de las obras de Diego Silva Velázquez*. Madrid, 1880.

K. JUSTI, *Diego Velázquez und sein Jahrhundert*. Brunn, 1903, 2 vol.

A. de BERUETE, *Velázquez*. Paris, 1898.

J.-O. PICON, *Vida y obras de D. Diego Velázquez*. Madrid, 1899.

M. MESONERO ROMANOS, *Velázquez fuera del Museo del Prado*. Madrid, 1899.

Élie FAURE, *Velazquez* (coll. « Les Grands artistes »). Paris, s. d. [1904].

Auguste BRÉAL, *Velazquez*. Londres, 1905.

Gustave GEFFROY, *Velasquez* (sic). (coll. « Maîtres anciens et modernes »). Paris, s. d. [1925].

Pierre PARIS, *A l'école de Velázquez* (*Revue des Deux Mondes*, 1924).

Berjano ESCOBAR, *El pintor D. J. Carreño de Miranda*. Madrid, 1925.

C. YRIARTE, *Goya*. Paris, 1867.

P. LEFORT, *Francisco Goya*. Paris, 1877.

Paul LAFOND, *Goya*. Paris, s. d.

De la VIÑAZA, *Goya, su tiempo, su vida, sus obras*. Paris, 1887.

Aureliano de BERUETE y MORET, *Goya* (*Goya pintor de retratos, composiciones y figuras ; Goya grabador*). Madrid, 1916-1918, 3 vol.

H. GUERLIN, *Goya* (coll. « Les Grands artistes »). Paris s. d. [1927].

Pierre PARIS, *Pour mieux connaître Goya* (*Revue des Deux Mondes*, 1923) ; — *Goya* (coll. « Les Maîtres de l'art »). Paris, 1928.

Revues.

Boletín de la Sociedad española de excursiones. Madrid, 1893 et suiv.

Museum. Revista mensual de arte español antiguo y moderno. Barcelone, 1911 et suiv.

Anuari de l'Institut d'estudis catalans. Barcelone, 1907 et suiv.

Archivo español de arte y archeologia (Centro de Estudios históricos de Madrid), 1925 et suiv.

TABLE DES PLANCHES

XX. Saint Pierre martyr en prière, par Pedro Berruguete (Musée du Prado, Madrid) ; — Notre-Dame-de-Grâce, par Juan Sánchez de Castro (Cathédrale de Séville).

XXI. La Sainte Face, par Bartolomé Bermejo (Musée épiscopal, Vich).

XXII. L'Apparition prophétique de la Vierge aux Patriarches (« La Gamba »), par Luis de Vargas (Cathédrale de Séville).

XXIII. La Vierge avec l'Enfant Jésus, par Luis de Morales (Musée du Prado, Madrid) ; — « Ecce Homo », par Luis de Morales (Bibliothèque de l'Escorial).

XXIV. Le Père Siguenza, par Sánchez Coello (Bibliothèque de l'Escorial).

XXV. Portrait de dame inconnue, par Sánchez Coello (Collection du marquis de Casa Torres, Madrid) ; — Portrait de l'infante Doña Maria, par Pantoja de la Cruz (Musée du Prado, Madrid).

XXVI. Saint Maurice et la légion thébaine, par Domenikos Theotokopoulos, dit le Greco (Musée de l'Escorial).

XXVII. L'Enterrement du comte d'Orgàz, par le Greco (Église Santo Tomé, Tolède).

XXVIII. Portrait de l'inquisiteur Fernando Niño de Guevara, par le Greco (Collection du comte de Paredes de Nava, Madrid).

XXIX. L'Homme à l'épée, par le Greco (Musée du Prado, Madrid) ; — La Résurrection du Christ, par le Greco (Musée du Prado, Madrid).

XXX. Saint François d'Assise, par Francisco Ribalta (Musée du Prado, Madrid).

XXXI. La Trinité, par José de Ribera (Musée du Prado, Madrid).

XXXII. Martyre de saint Barthélemy, par José de Ribera (Musée du Prado, Madrid).

XXXIII. L'Immaculée Conception par José de Ribera (Église des Augustines, Salamanque) ; — Martyre de saint André, par Juan de Roelas (Musée de Séville).

XXXIV. Saint Herménégilde, par Herrera le Vieux (Musée de Séville).

XXXV. Le Christ en croix, par Alonso Cano (Académie de San Fernando, Madrid) ; — Le Christ mort soutenu par un ange, par Alonso Cano (Musée du Prado, Madrid).

XXXVI. Le Songe du patricien, par Bartolomé Esteban Murillo (Musée du Prado, Madrid) ; — La Cuisine des anges, par Bartolomé Esteban Murillo (Musée du Louvre, Paris).

XXXVII. Jeune mendiant, par Bartolomé Esteban Murillo (Musée du Louvre, Paris) ; — L'Enfant Jésus et le jeune saint Jean (« L'Enfant à la coquille »), par Bartolomé Esteban Murillo (Musée du Prado, Madrid).

XXXVIII. Sainte Élisabeth de Hongrie pansant les teigneux, par Bartolomé Esteban Murillo (Musée du Prado, Madrid).

XXXIX. Saint François d'Assise renonçant au monde, par Bartolomé Esteban Murillo (Musée de Séville).

XL. Le Bienheureux Enrique Luzon, par Francisco de Zurbarán (Musée de Séville) ; — Un chartreux martyr, par Francisco de Zurbarán (Musée de Cadix).

XLI. Jésus-Christ apparaissant au P. Salmeron, par Francisco de Zurbarán (Monastère de Guadalupe) ; — Le P. Gonzalo de Illescas, par Francisco de Zurbarán (Monastère de Guadalupe).

XLII. Apothéose de saint Thomas d'Aquin, par Francisco de Zurbarán (Musée de Séville).

XLIII. « Finis gloriæ mundi », par Juan de Valdés Leal (Église de l'hôpital de la Charité, Séville) ; — Saint Jérôme flagellé par les anges, par Juan de Valdés Leal (Musée de Séville).

XLIV. Sainte Claire recevant la palme, par Juan de Valdés Leal (Collection George Bonsor, château de Mairena del Alcor) ; — Les Ivrognes, par Velázquez (Musée du Prado, Madrid).

XLV. Portrait de l'infante Marguerite-Marie d'Autriche, par Velázquez (Musée du Prado, Madrid) ; — Portrait de l'infant Baltasar Carlos, par Velázquez (Musée du Prado, Madrid).

XLVI. La Reddition de Breda au général Ambrosio Spinola (« Les Lances »), par Velázquez (Musée du Prado, Madrid).

XLVII. Portrait du pape Innocent X, par Velázquez (Galerie Doria, Rome).

XLVIII. Les Ménines, par Velázquez (Musée du Prado, Madrid).

XLIX. La Manufacture de tapis de Santa Isabel, à Madrid (« Les Fileuses »), par Velázquez (Musée du Prado, Madrid).

L. L'Enfant de Vallecas, par Velázquez (Musée du Prado, Madrid) ; — L'Idiot de Coria, par Velázquez (Musée du Prado, Madrid).

LI. Saint Jérôme, par Mateo Cerezo (Académie) de San Fernando, Madrid ; — Sainte Madeleine, par José Antolínez (Collection de Mme Isabel López, Madrid).

LII. Portrait de dame inconnue, par Juan Carreño de Miranda (Collection Scott et Fowles, New York).

LIII. Portrait d'homme inconnu, par Juan Carreño de Miranda (Musée du Prado, Madrid) ; — Portrait de la reine Marianne d'Autriche, par Juan Carreño de Miranda (Musée du Prado, Madrid).

LIV. Apothéose de saint Augustin, par Claudio Coello (Musée du Prado, Madrid).

LV. Carrousel à Aranjuez, par Luis Paret y Alcazar (Musée du Prado, Madrid).

LVI. Portraits de femmes, par Francisco Bayeu (Musée de Saragosse) ; — Le Jeu de la « vaquilla », tapisserie d'après le carton de Francisco Bayeu (Collection de S. M. le roi d'Espagne, Madrid).

LVII. La Famille de Charles IV, par Francisco Goya (Musée du Prado, Madrid).

LVIII. « Le 3 mai 1808 », par Francisco Goya (Musée du Prado, Madrid).

LIX. La Communion de saint Joseph de Calasanz, par Francisco Goya (Église San Antonio, Madrid).

LX. La Maja nue, par Francisco Goya (Musée du Prado, Madrid) ; — La Maja vêtue, par Francisco Goya (Musée du Prado, Madrid).

LXI. L'Enterrement de la sardine, par Francisco Goya (Académie de San Fernando, Madrid) ; — Le Garrot, par Francisco Goya (Musée de Lille).

LXII. La Noce, carton de tapisserie, par Francisco Goya (Musée du Prado, Madrid).

LXIII. « Ane marchant sur deux pieds » ; « Souverain mépris », dessins par Francisco Goya (Musée du Prado, Madrid) ; — « L'Amour et la Mort » ; « Le Sommeil de la raison enfante des monstres », eaux-fortes de la série des « Caprices », par Francisco Goya.

LXIV. « Ce sont des bêtes féroces », eau-forte de la série des « Désastres de la guerre », par Francisco Goya ; — « Le courageux Rendon piquant un taureau, qu'il tua d'un coup dans la place de Madrid », eau-forte de la « Tauromachie », par Francisco Goya.

TABLE DES MATIÈRES

MACON, PROTAT FRÈRES, IMPRIMEURS. — MCMXXVIII.

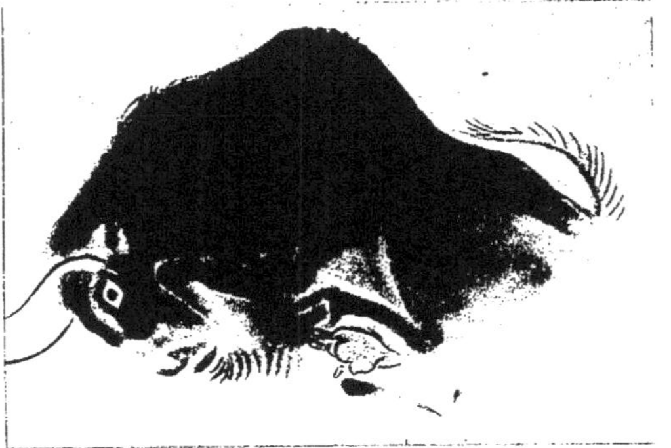

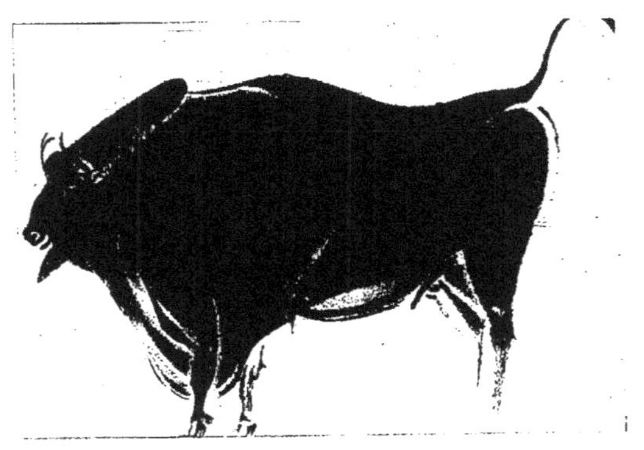

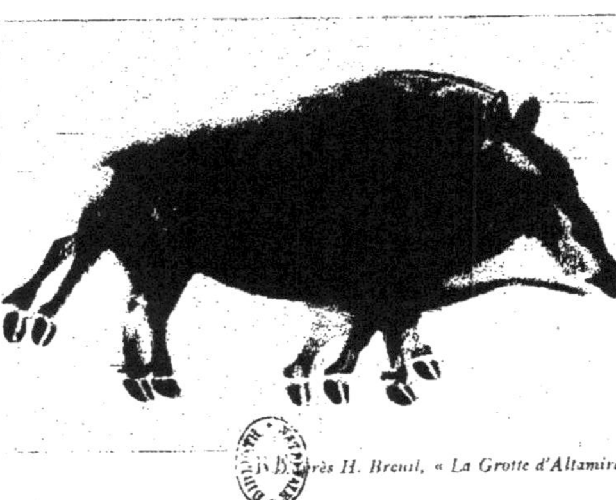

[illegible]rès H. Breuil, « *La Grotte d'Altamira* ».

Bisons et sanglier,
peintures préhistoriques.
(Grotte d'Altamira.)

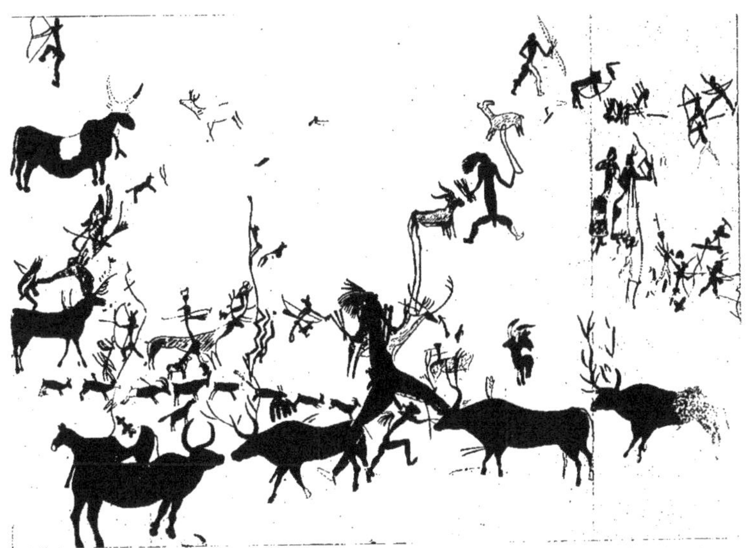

D'après « L'Anthropologie ».

Peinture sur rocher.
(Cogul.)

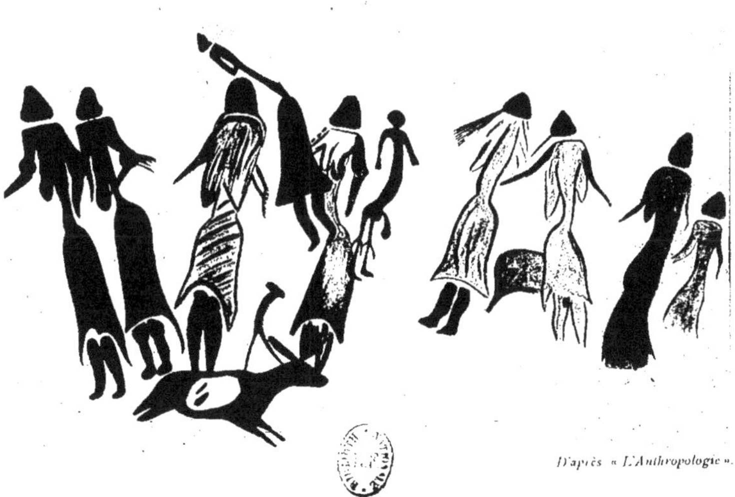

D'après « L'Anthropologie ».

Peinture rupestre.
(" Cueva de la Vieja ", Alpera.)

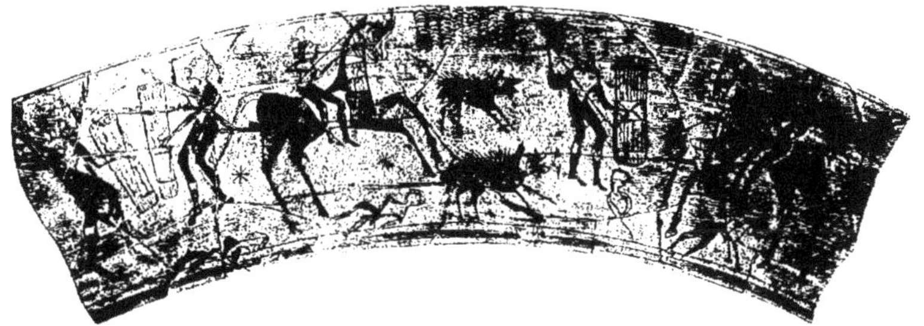

D'après H. Sandrars, « The weapons of the Iberians ».

Peinture d'un vase ibérique trouvé à Archena (province de Murcie).
(Musée archéologique national, Madrid.)

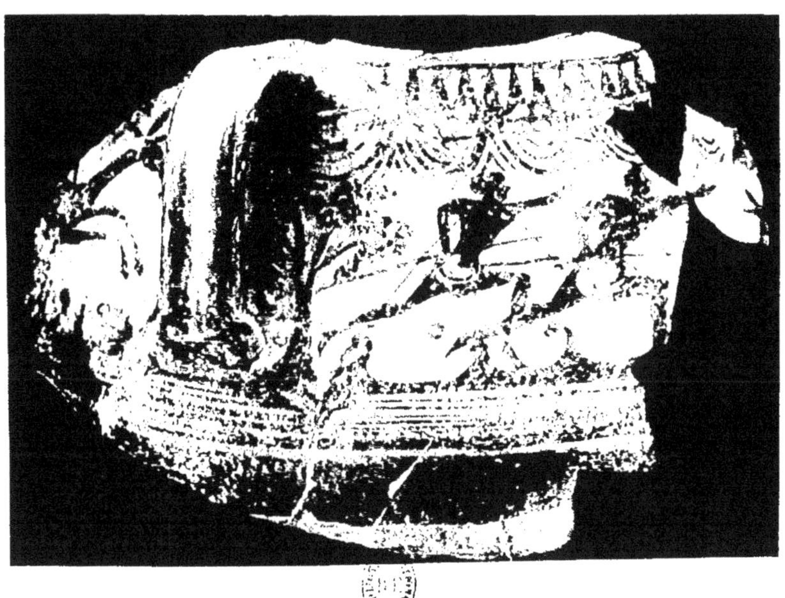

Fragment d'un vase ibérique trouvé à Ampurias.
(Collection Cazurro, Barcelone.)

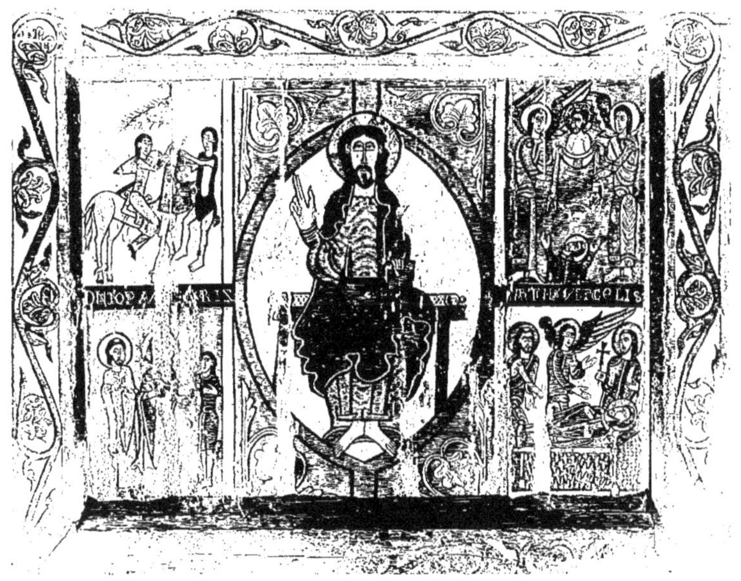

Le Christ en majesté et scènes de la vie de saint Martin,
devant d'autel (xe-xie siècle).
(Musée épiscopal, Vich.)

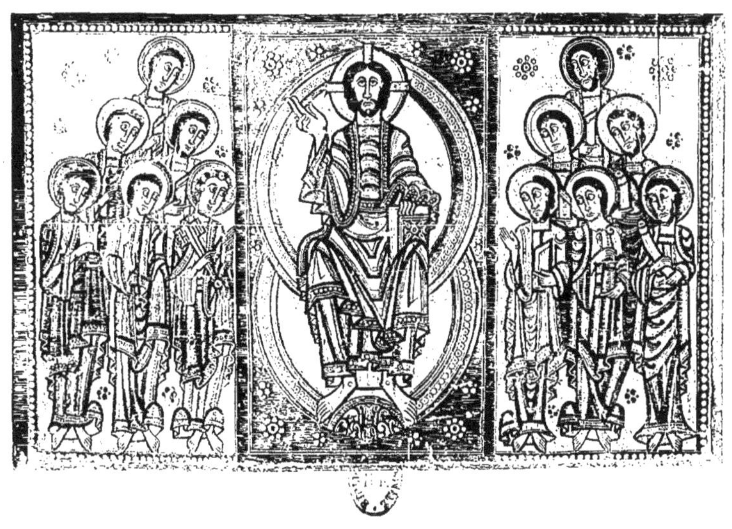

Le Christ en majesté entre des saints,
devant d'autel (xie siècle).
(Musée de Barcelone.)

Pl. V.

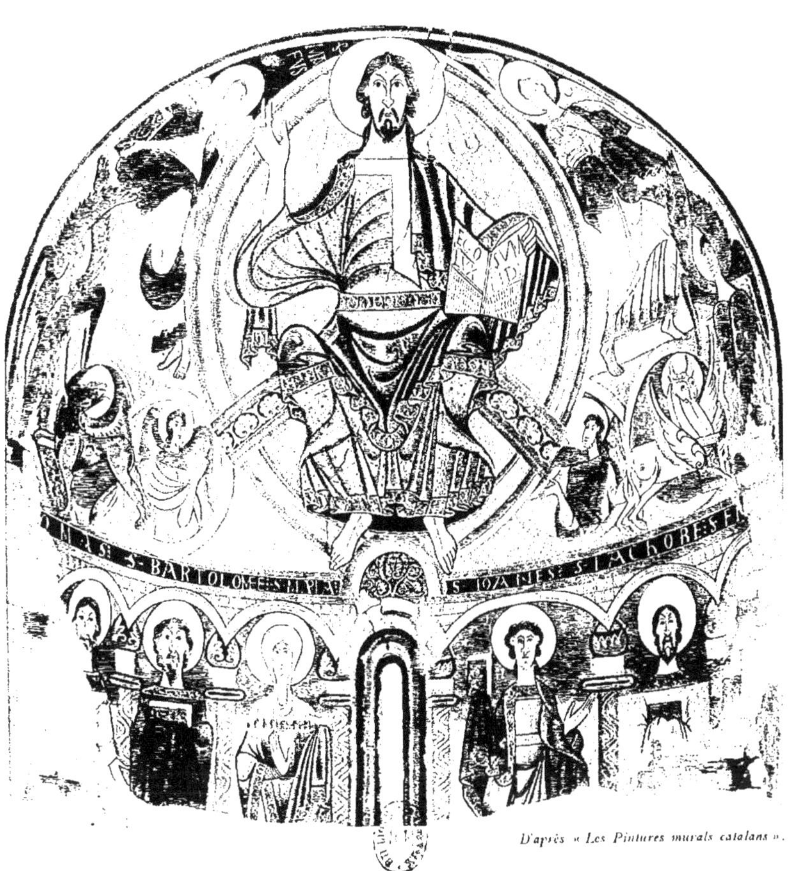

D'après « Les Pintures murals catalans ».

Le Christ en majesté entre les symboles des Évangélistes, avec la Vierge et les Apôtres, fresque (XIIe siècle).
(Église Saint-Clément, à Tahull, Catalogne.)

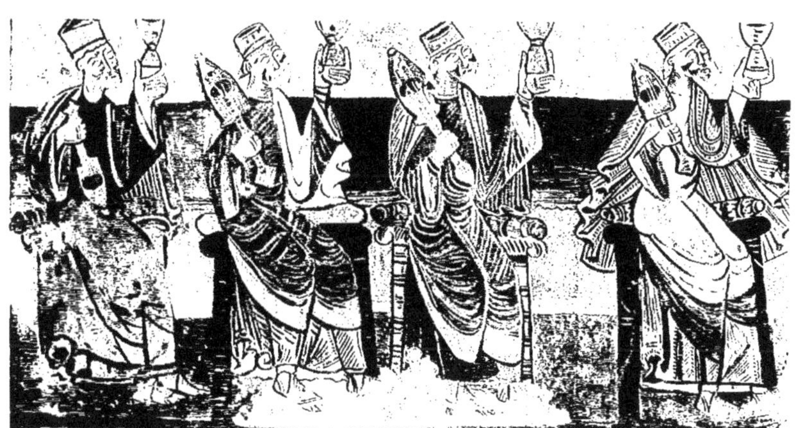

D'après « Les Pintures murals catalans ».

Les Vieillards de l'Apocalypse,
fresque (XIIe siècle).
(Église de Saint-Martin-de-Fenouillar, Pyrénées-Orientales.)

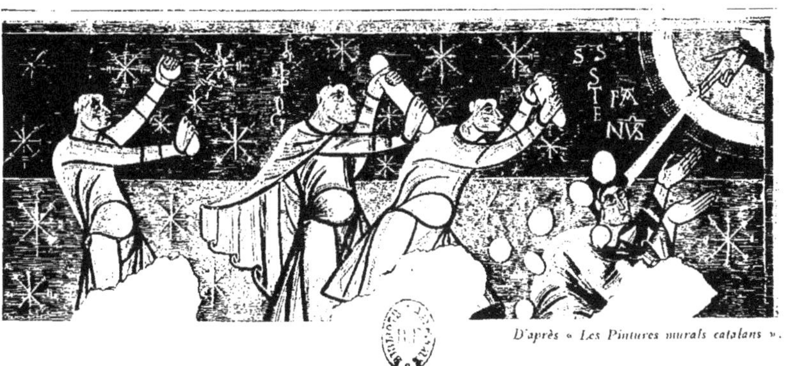

D'après « Les Pintures murals catalans ».

Martyre de saint Étienne,
fresque (XIIe siècle).
(Église Sainte-Marie, à Bohi, Catalogne.)

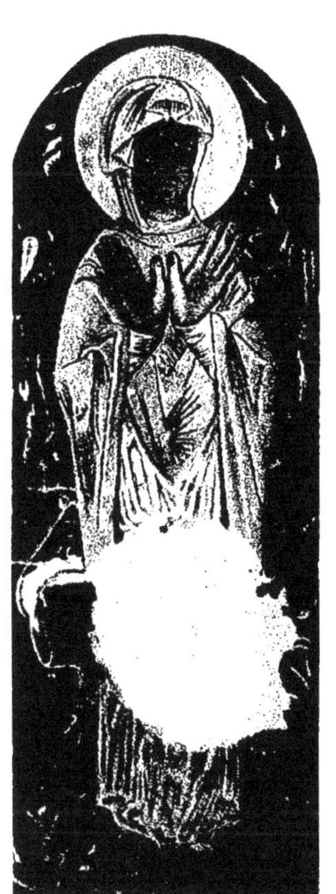
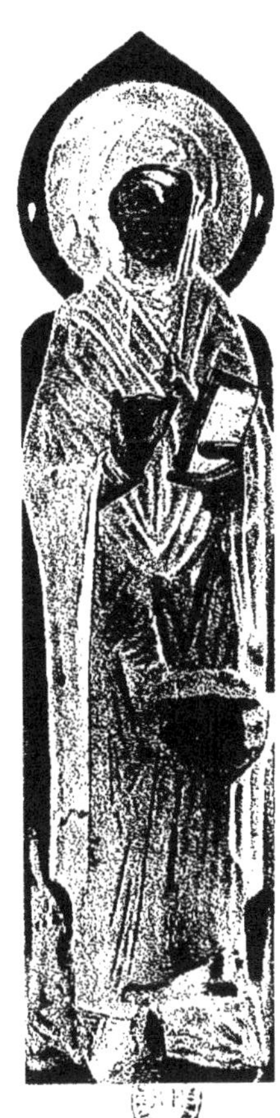
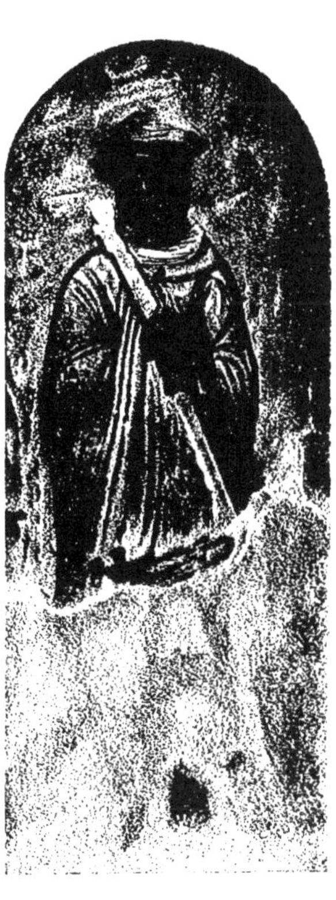

Saintes et saint,
fresque (XIIe siècle).
(Église du Cristo de la Luz, Tolède.)

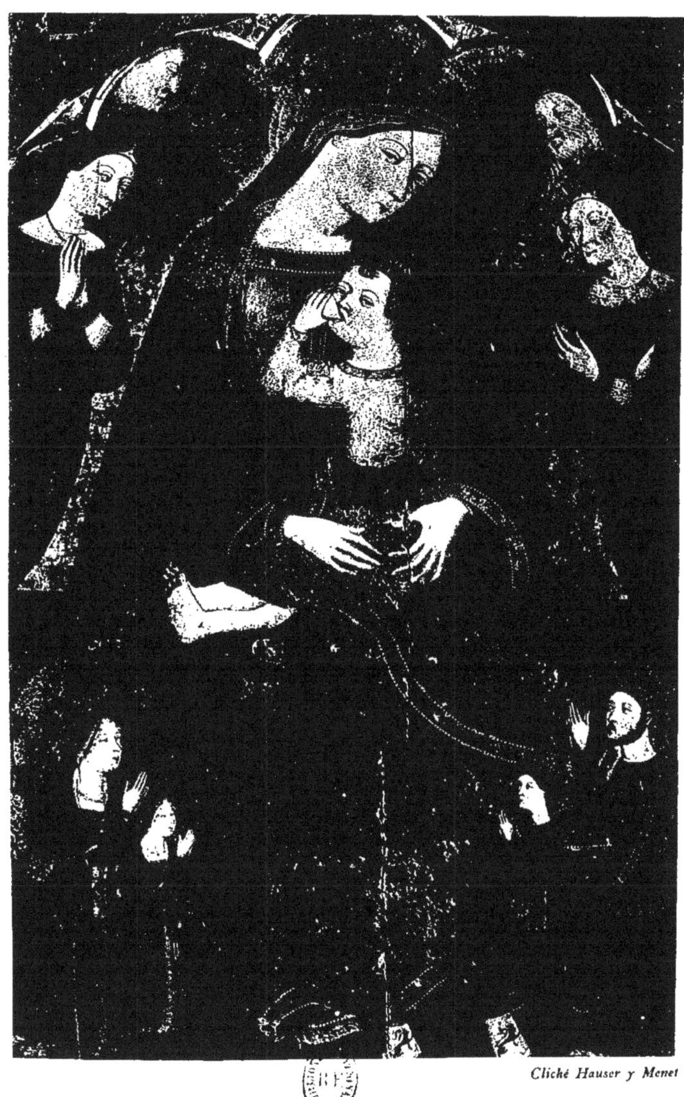

Cliché Hauser y Menet

La Vierge et l'Enfant adorés par Henri II roi de Castille et sa famille,
peinture provenant de Tobed (Aragon) (vers 1375).
(Collection Roman Vicente, Saragosse.)

Pl. IX.

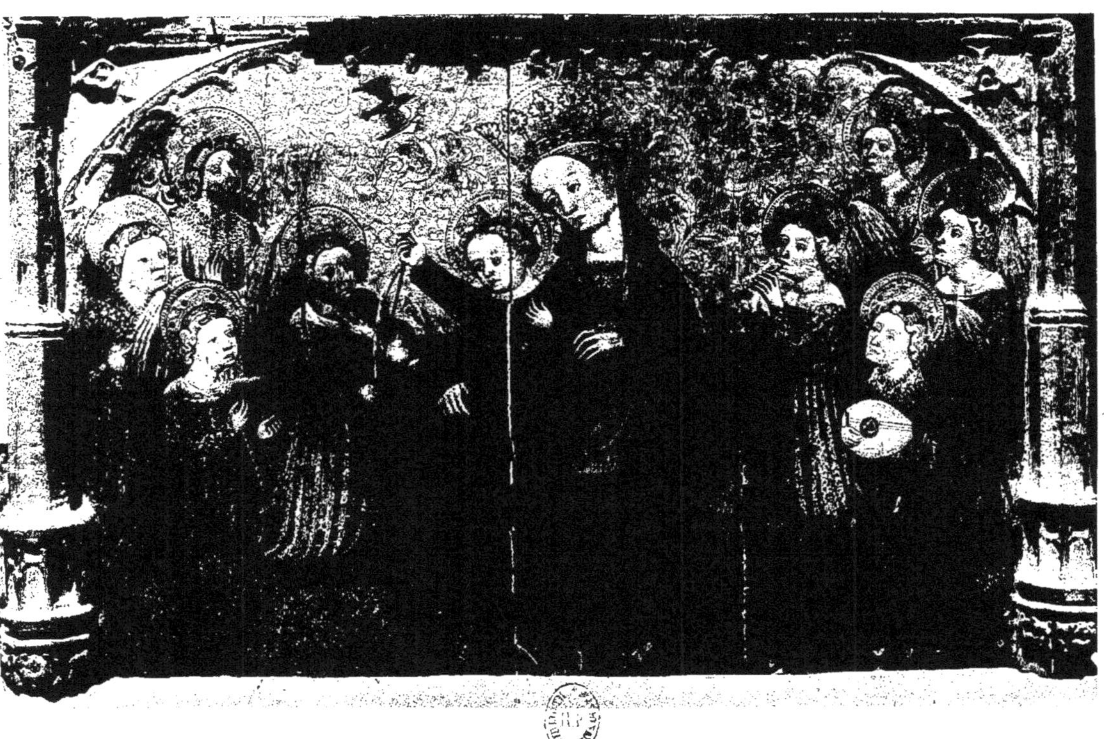

Jaime Cabrera (attribué à)
La Vierge et l'Enfant adorés par des anges.
(Musée épiscopal, Vich.)

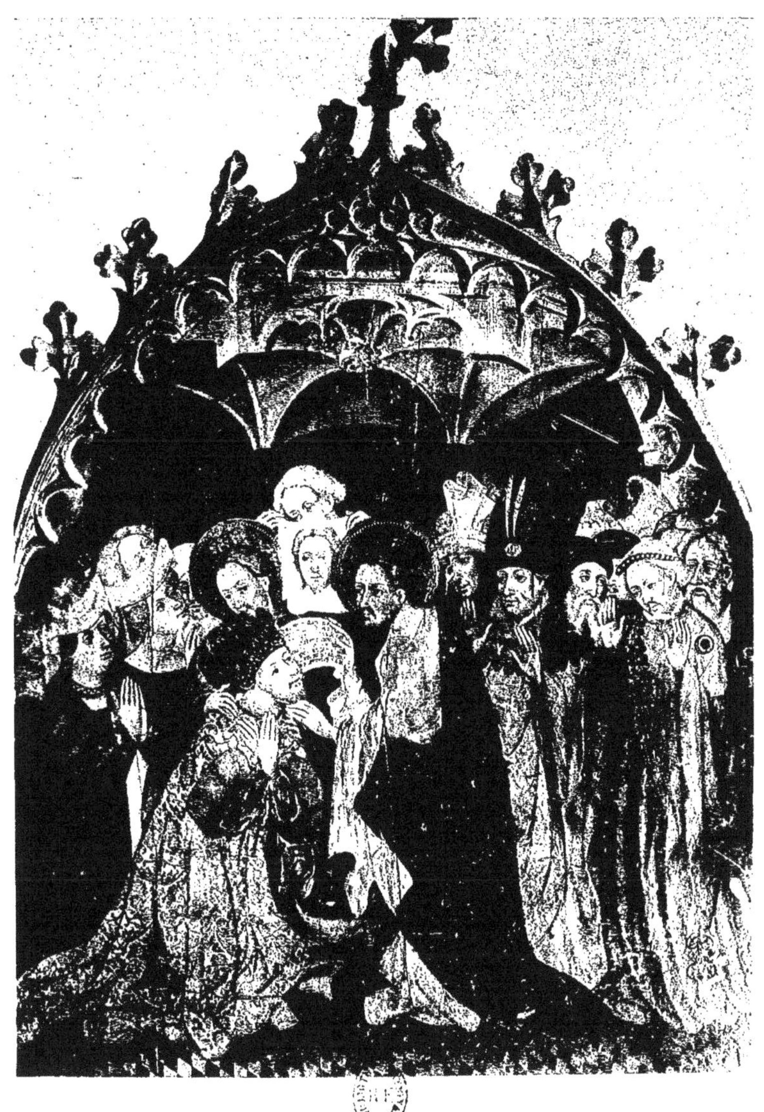

Lluis Borrassa.
Jésus et Abgar.
(Musée épiscopal, Vich.)

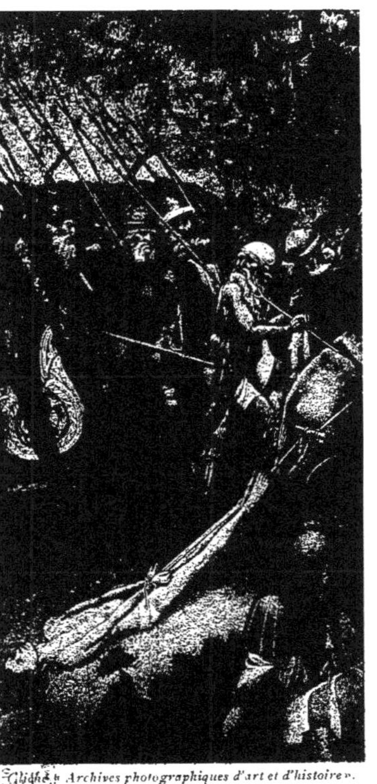

Cliché Arxiv « Mas ».

Cliché « Archives photographiques d'art et d'histoire ».

Le Maître de « Saint Georges » (vers 1430).

Saint Georges combattant le dragon.
(Ancienne collection Ferrer y Vidal, Barcelone.)

Saint Georges traîné au supplice.
(Musée du Louvre, Paris.)

Pl. XII.

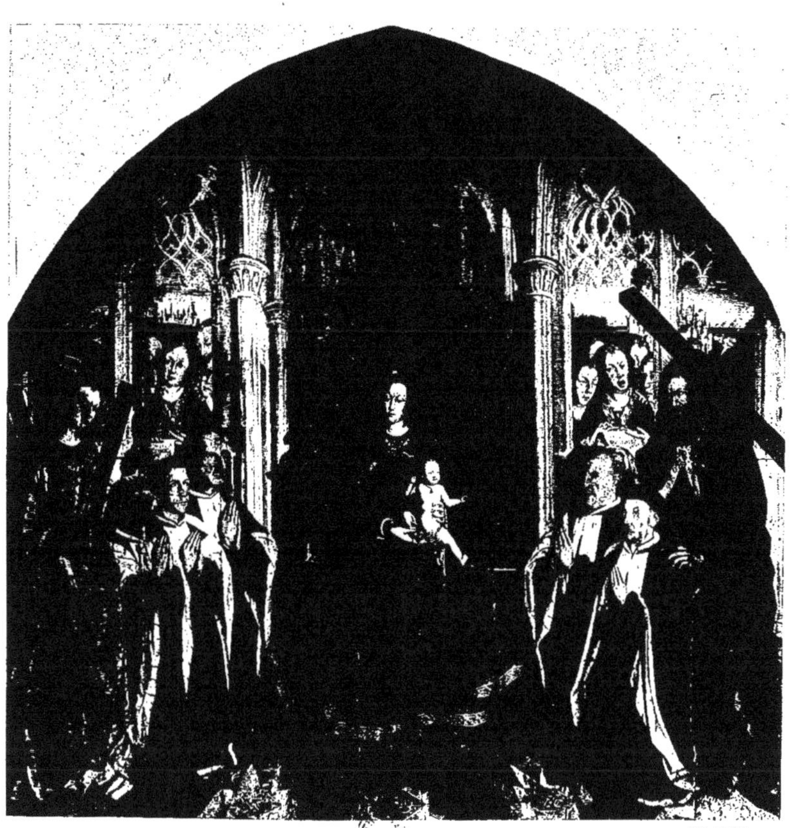

Cliché Thomas.

Lluis Dalmau.
La « Vierge des Conseillers ».
(Musée de Barcelone.)

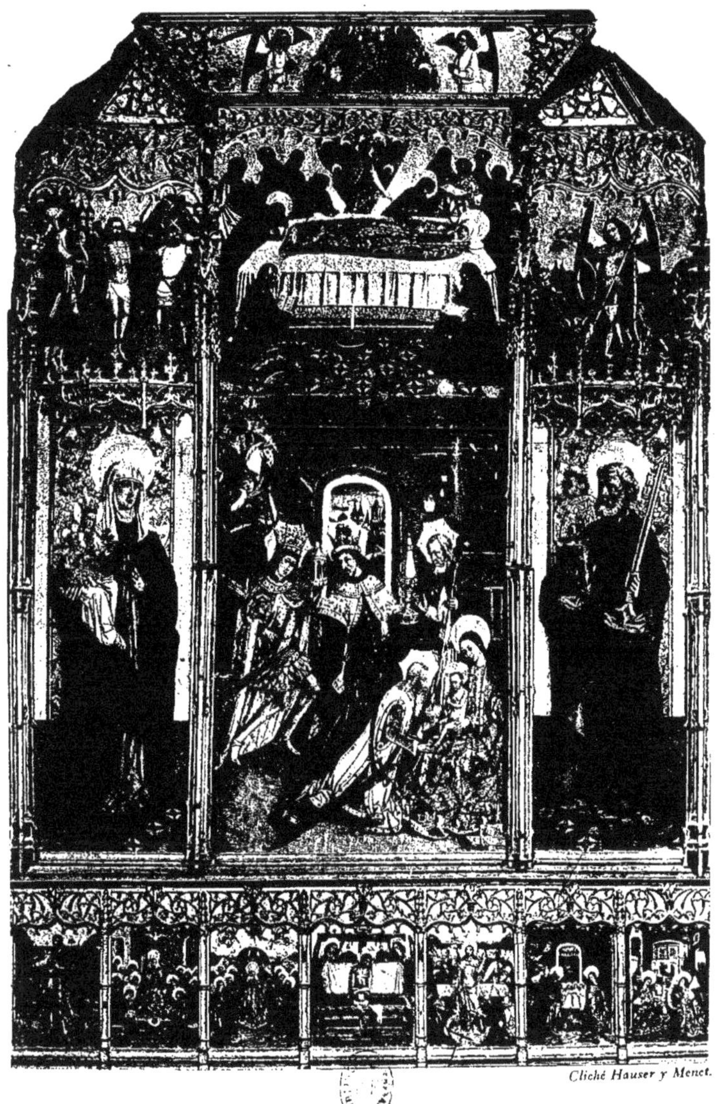

Cliché Hauser y Menet.

JACOMART.

Retable des Rois Mages (partie centrale).

(Couvent des Augustines. Rubielos de Mora, Teruel.)

Pl. XIV.

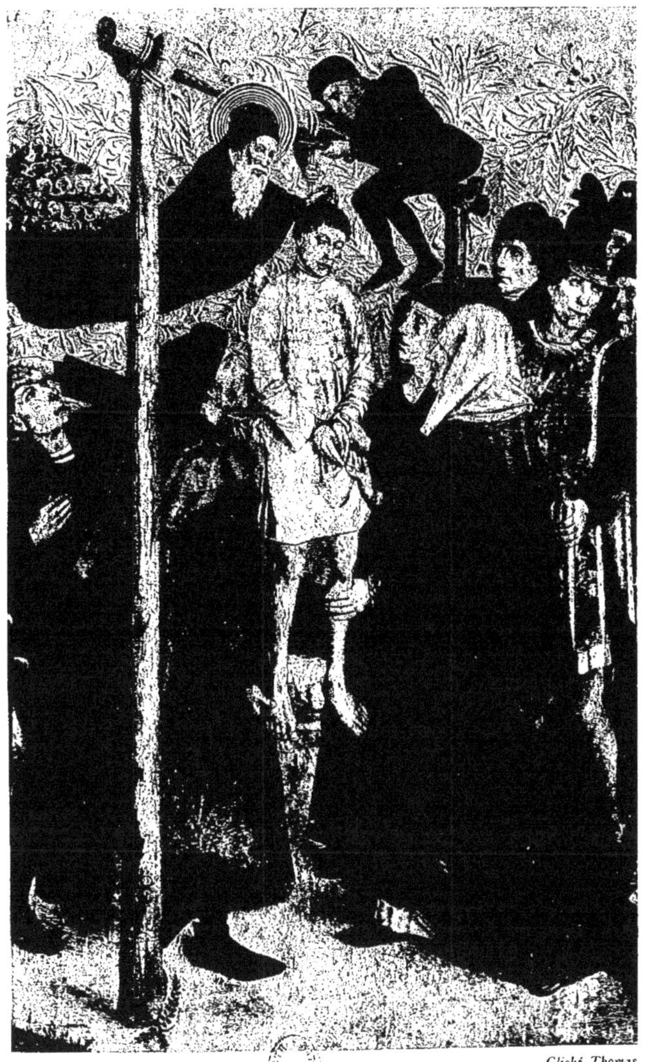

Cliché Thomas.

Pau Vergos.
Miracle de saint Antoine abbé.
(Ancienne église San Antonio Abad, Barcelone.)

Pl. XV.

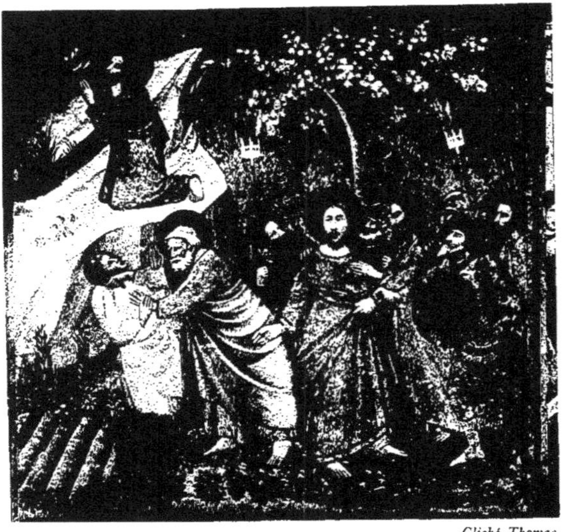

Cliché Thomas.

Ferrer Bassá.
L'Arrestation de Jésus au Jardin des Oliviers.
(Couvent de Sainte-Marie de Pedralbas, Barcelone.)

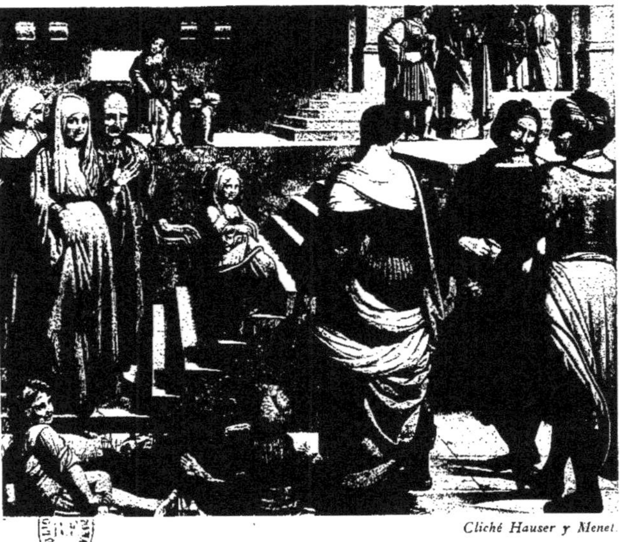

Cliché Hauser y Menet.

Fernando Yañez de la Almedina.
Présentation de Marie au Temple.
(Cathédrale de Valence.)

Cliché Hauser y Menet.

Jorge Ingles.
Portrait d'Inigo López, premier marquis de Santillane, fragment de retable.
(Hôpital de Buitrago.)

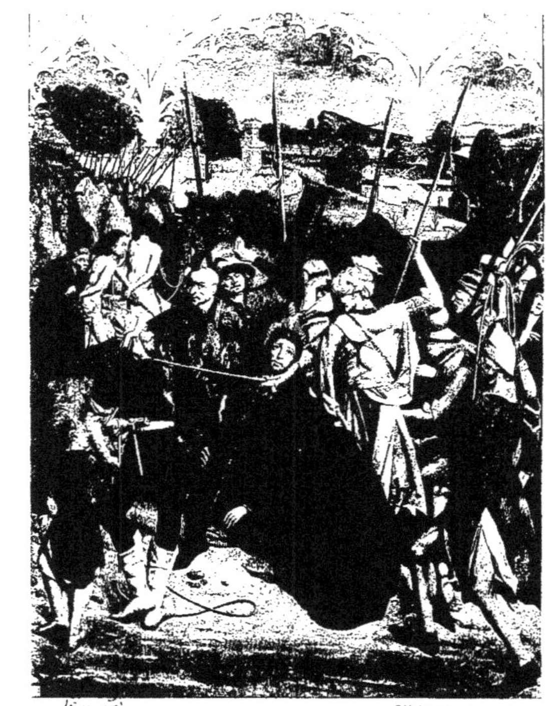

Cliché Hauser y Menet.

Fernando Gallegos.
Le Christ succombant sous le poids de sa croix.
(Collection de Sir Frederick Cook, Richmond.)

Pl. XVII.

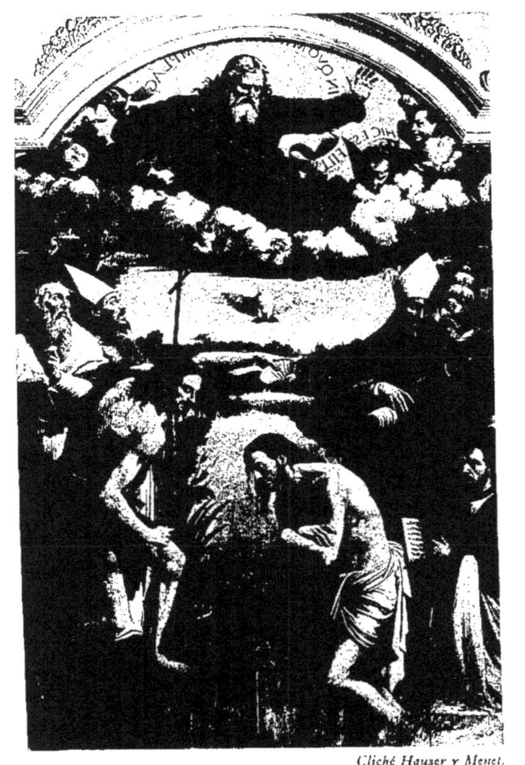

Cliché Hauser y Menet.

Vicente Macip.
Le Baptême de Jésus-Christ.
(Cathédrale de Valence.)

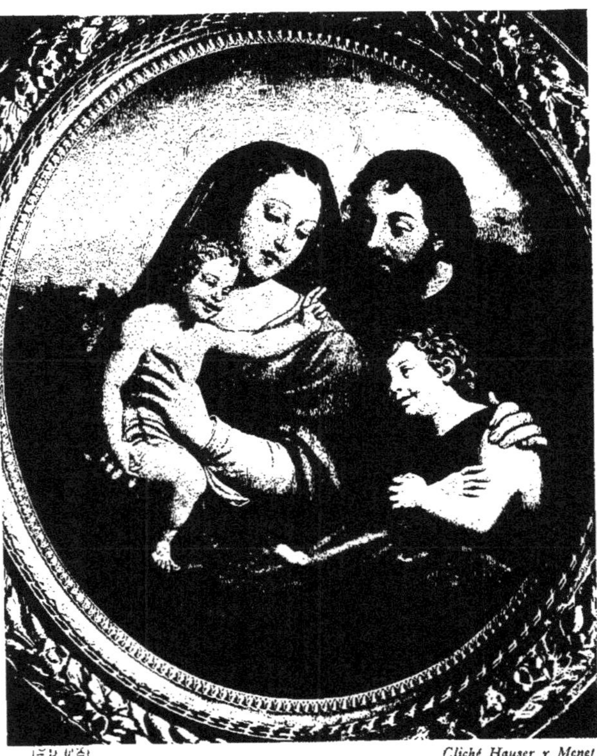

Cliché Hauser y Menet

Juan de Juanes.
Sainte Famille.
(Collection du duc de Montellano, Madrid.)

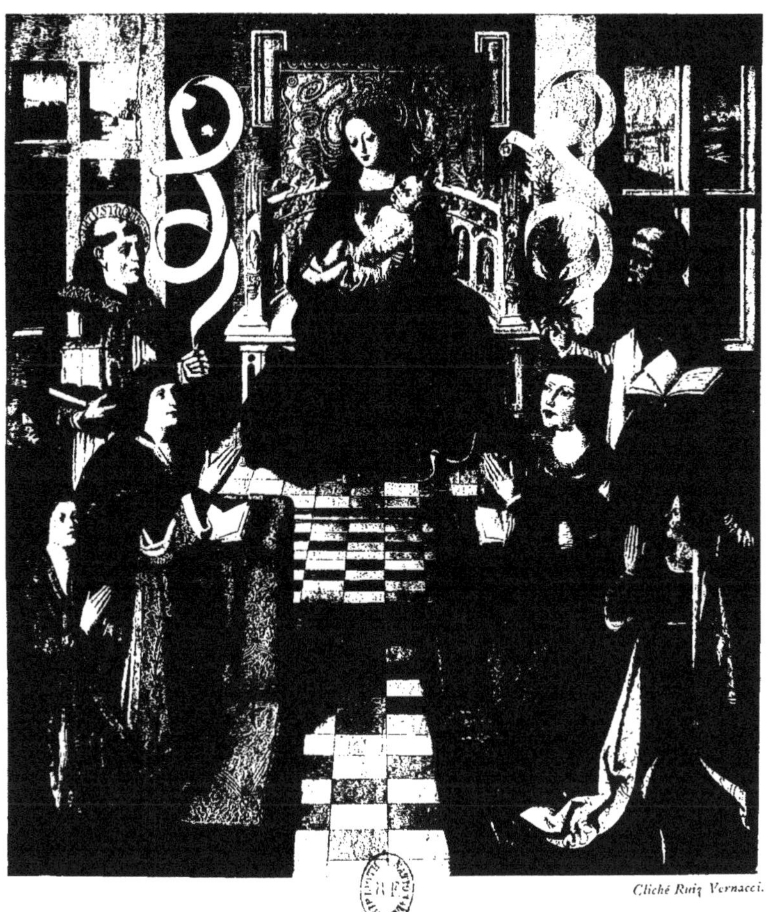

Cliché Ruiz Vernacci.

Antonio del Rincón (?).
Les Rois Catholiques avec le Fr. Tomás de Torquemada et saint Pierre martyr d'Anghera en prière devant la Vierge.
(Musée du Prado. Madrid.)

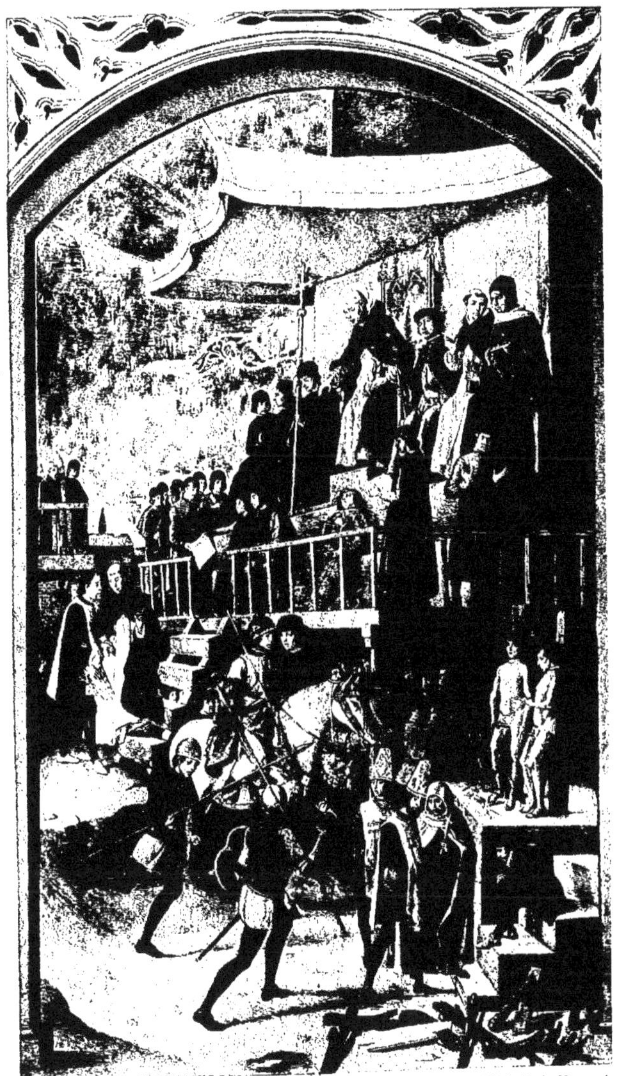

Cliché Ruiz Vernacci.

Pedro BERRUGUETE.
"Auto de fe".
(Musée du Prado, Madrid.)

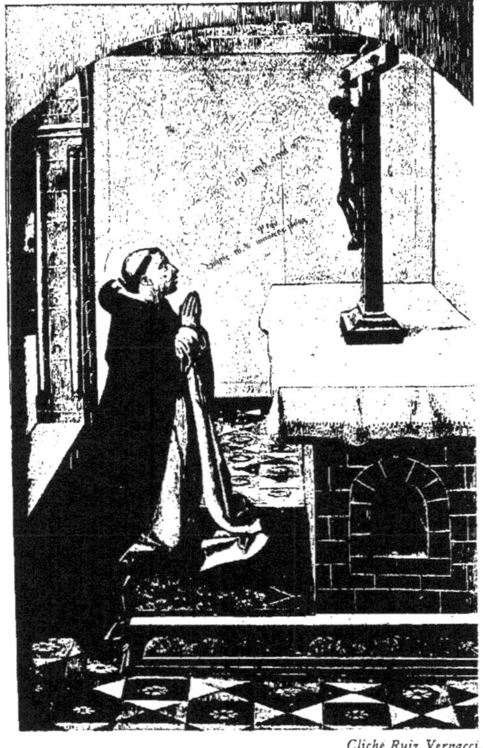

Cliché Ruiz Vernacci.

Pedro Berruguete.
Saint Pierre martyr en prière.
(Musée du Prado, Madrid.)

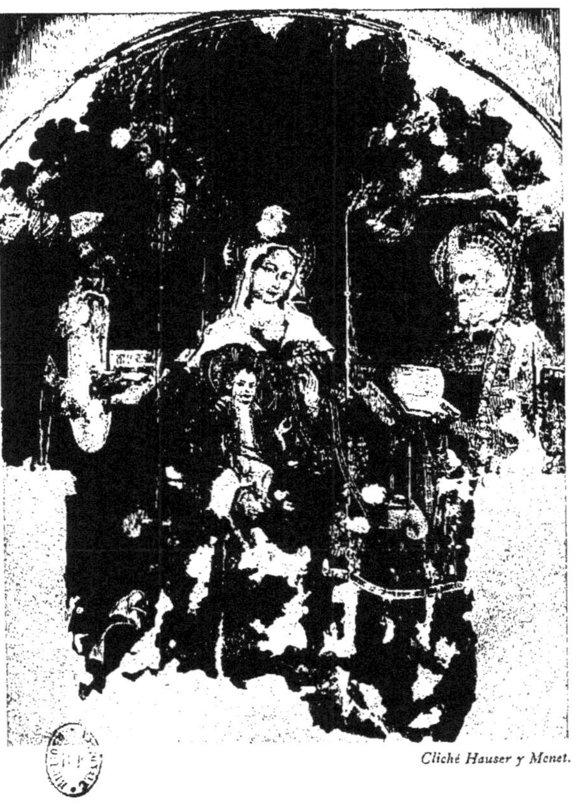

Cliché Hauser y Menet.

Jean Sánchez de Castro.
Notre-Dame-de-Grâce.
(Cathédrale de Séville.)

Pl. XXI.

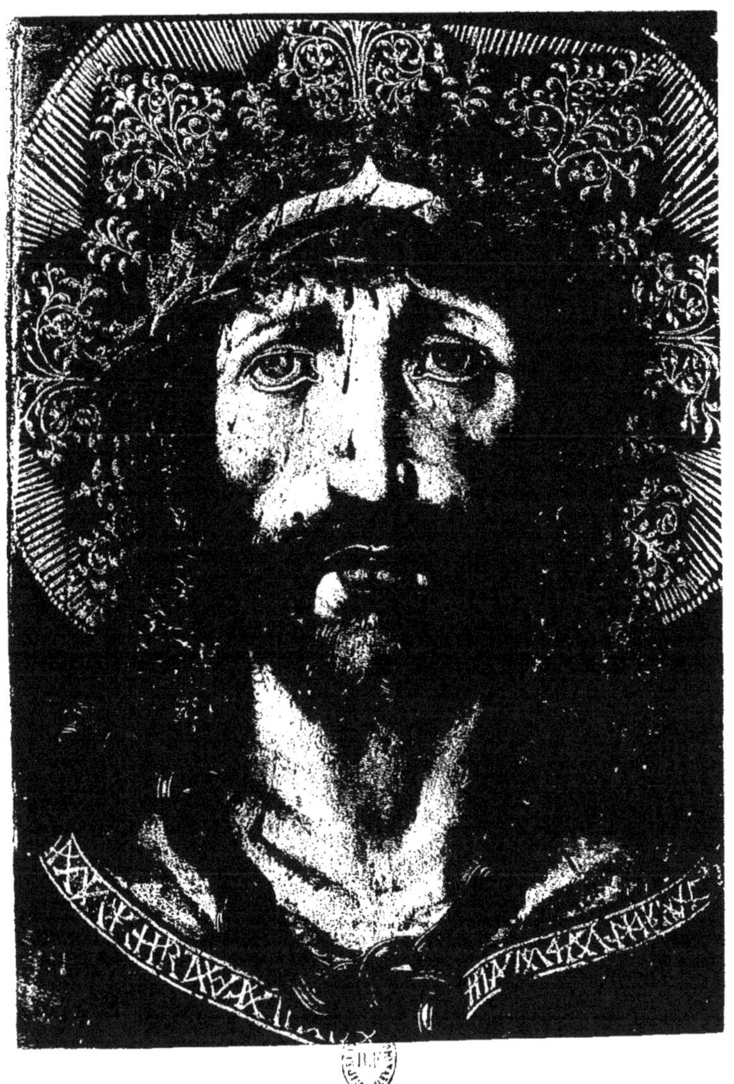

Bartolomé Bermejo.
La Sainte Face.
(Musée épiscopal, Vich.)

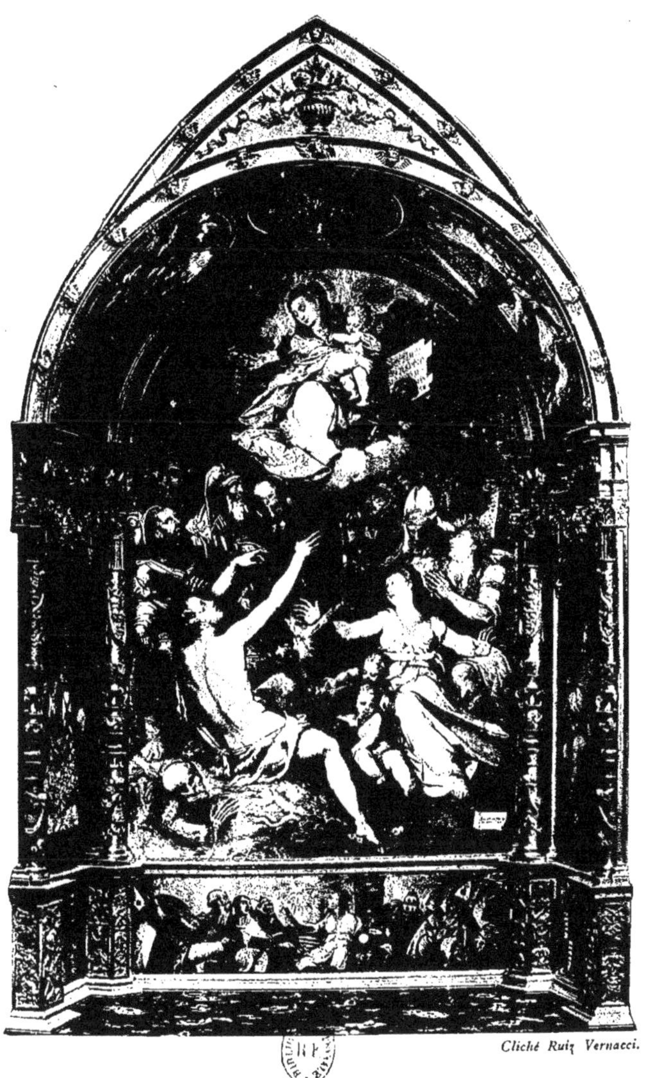

Cliché Ruiz Vernacci.

Luis de Vargas.
L'Apparition prophétique de la Vierge aux Patriarches.
(Cathédrale de Séville.)

Pl. XXIII.

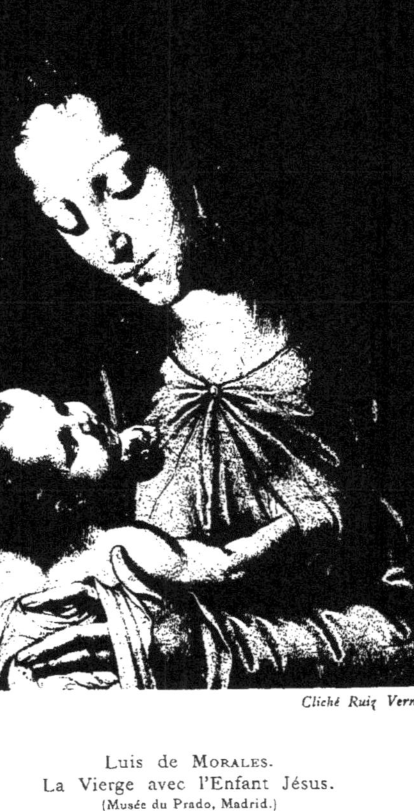

Cliché Ruiz Vernacci.

Luis de Morales.
La Vierge avec l'Enfant Jésus.
(Musée du Prado, Madrid.)

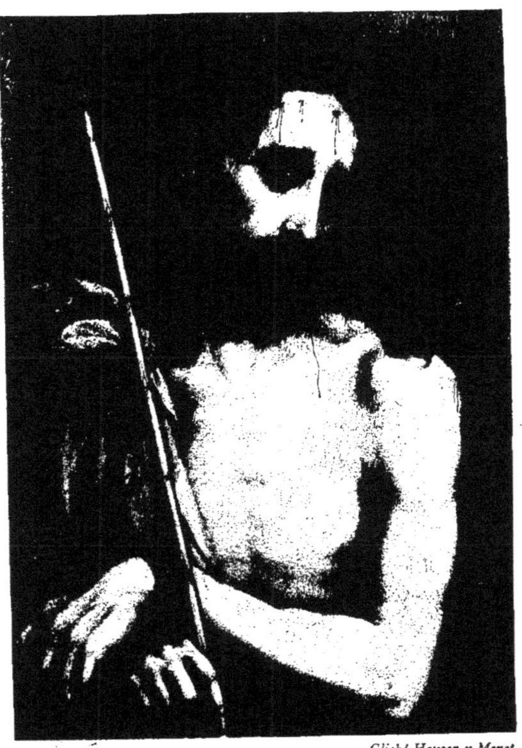

Cliché Hauser y Menet.

Luis de Morales.
" Ecce Homo ".
(Bibliothèque de l'Escurial.)

Pl. XXIV.

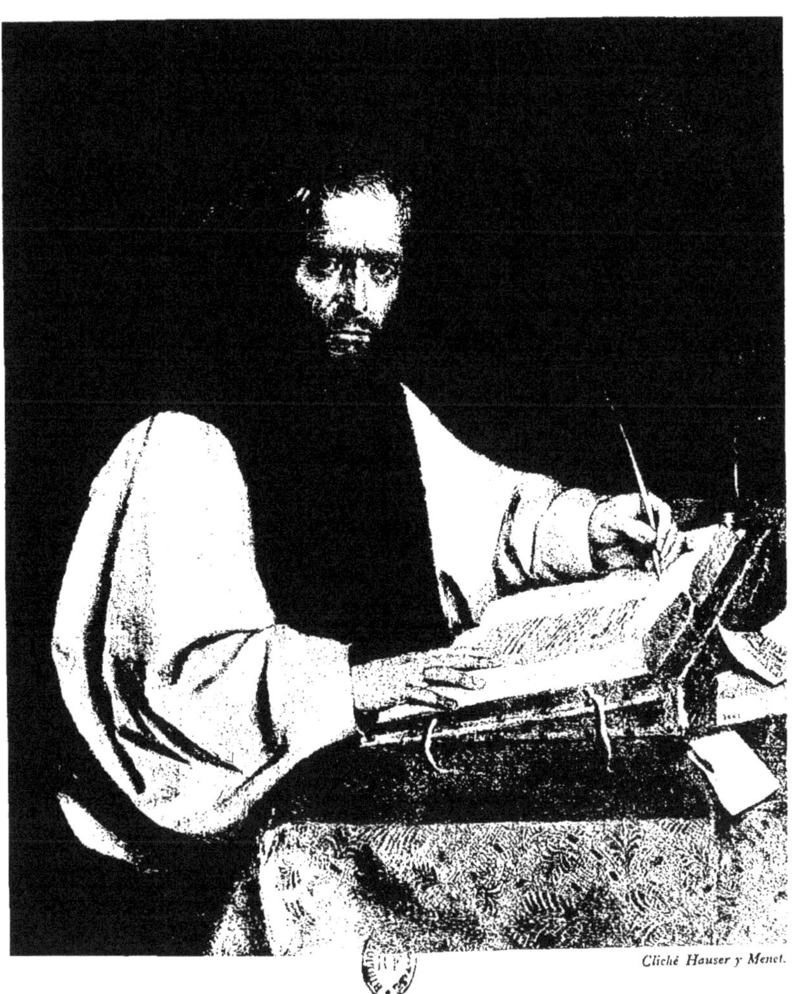

Cliché Hauser y Menet.

Sânchez Coello.
Le Père Siguenza.
(Bibliothèque de l'Escurial.)

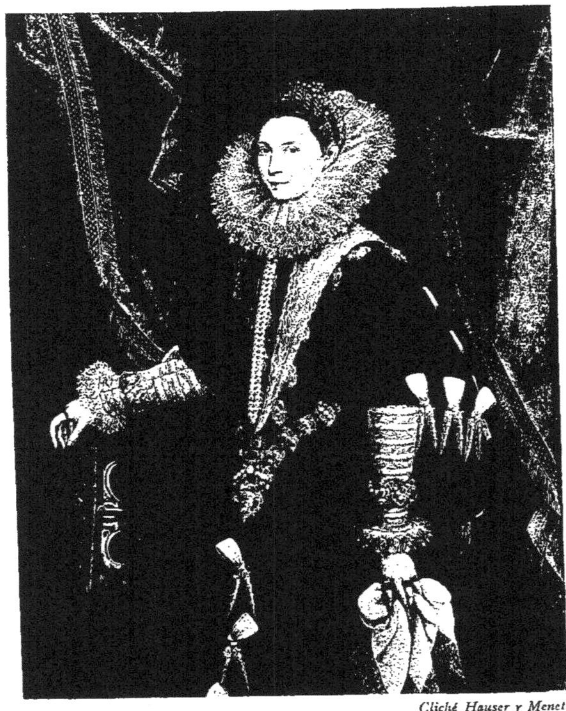

Cliché Hauser y Menet.

Sánchez Coello.
Portrait de dame inconnue.
(Collection du marquis de Casa Torres, Madrid.)

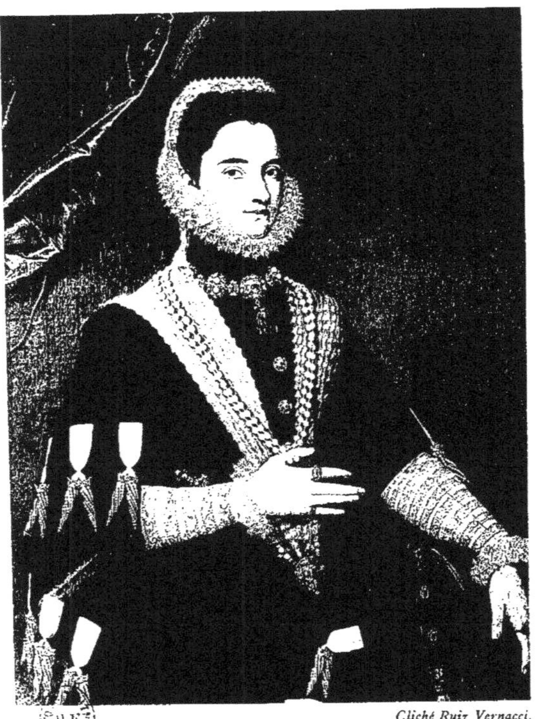

Cliché Ruiz Vernacci.

Pantoja de la Cruz.
Portrait de l'infante Doña Maria
(Musée du Prado, Madrid.)

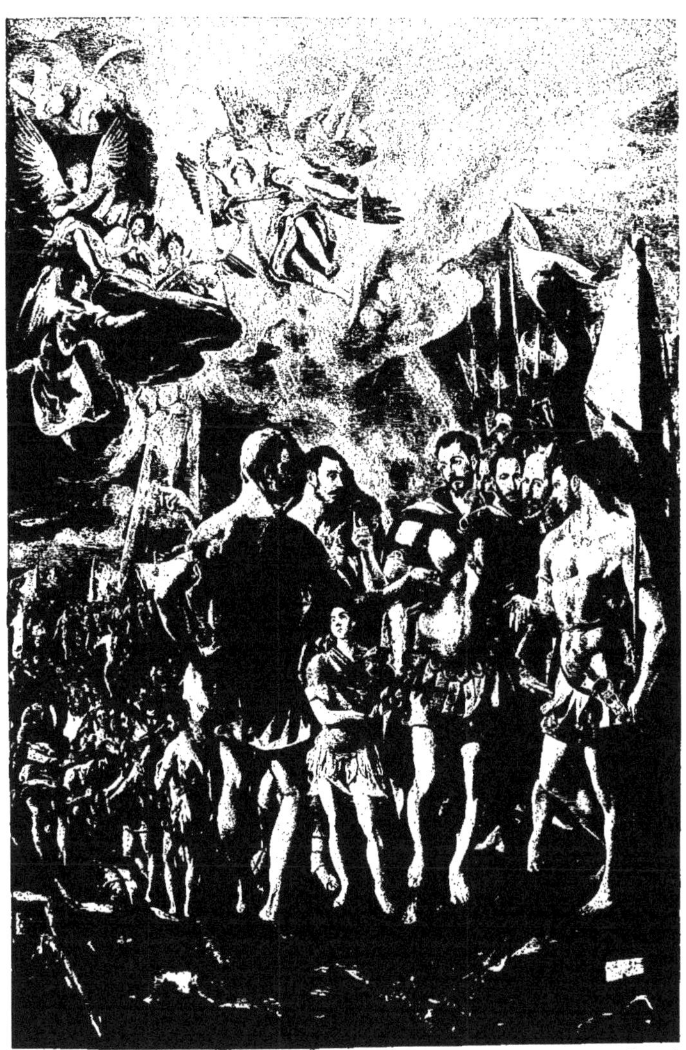

Cliché Ruiz Vernacci.

Domenikos Theotokopoulos, dit "le Greco".
Saint Maurice et la légion thébaine.
(Musée de l'Escorial.)

Pl. XXVII.

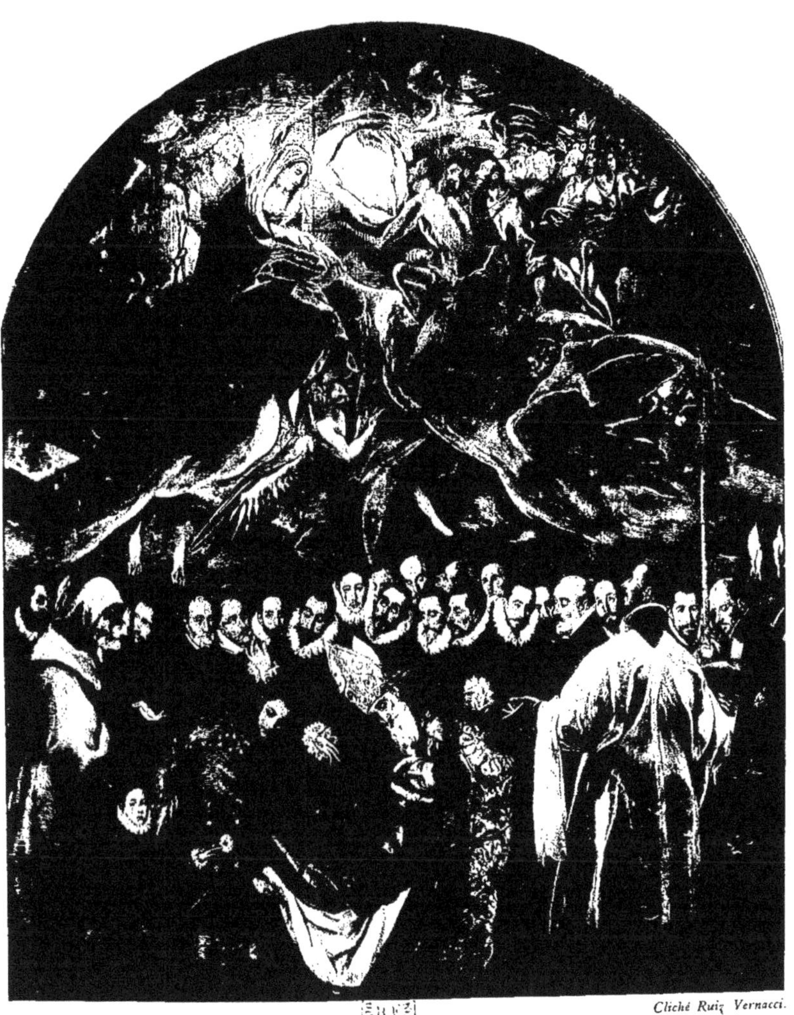

Cliché Ruiz Vernacci.

Domenikos Theotokopoulos, dit « le Greco ».
L'Enterrement du comte d'Orgâz.
(Église Santo Tomé, Tolède.)

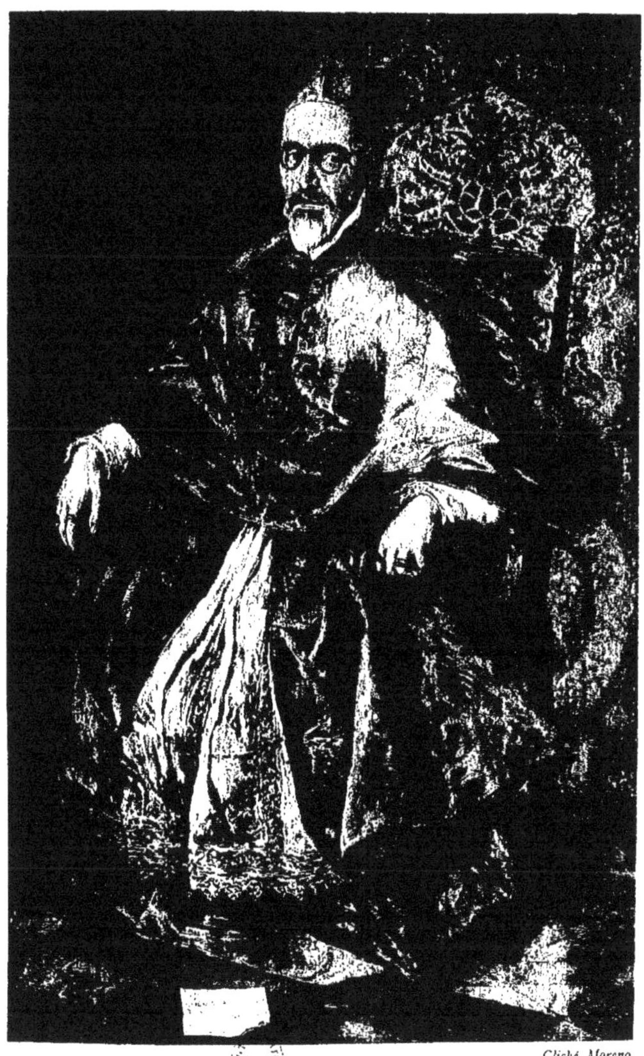

Cliché Moreno.

Domenikos Theotokopoulos, dit « le Greco ».
Portrait de l'inquisiteur Fernando Niño de Guevara.
(Collection du comte de Paredes de Nava, Madrid.)

Pl. XXIX.

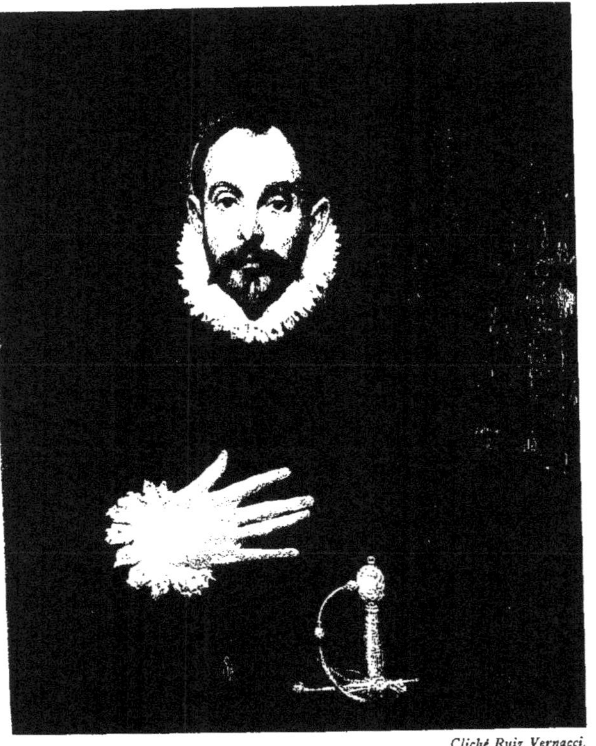

Cliché Ruiz Vernacci.

Domenikos Theotokopoulos, dit " le Greco ".
L'Homme à l'épée.
(Musée du Prado, Madrid.)

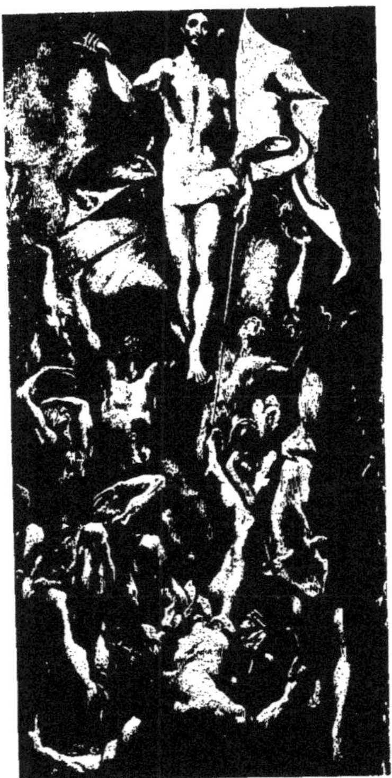

Cliché Ruiz Vernacci.

Domenikos Theotokopoulos, dit " le Greco ".
La Résurrection du Christ.
(Musée du Prado, Madrid.)

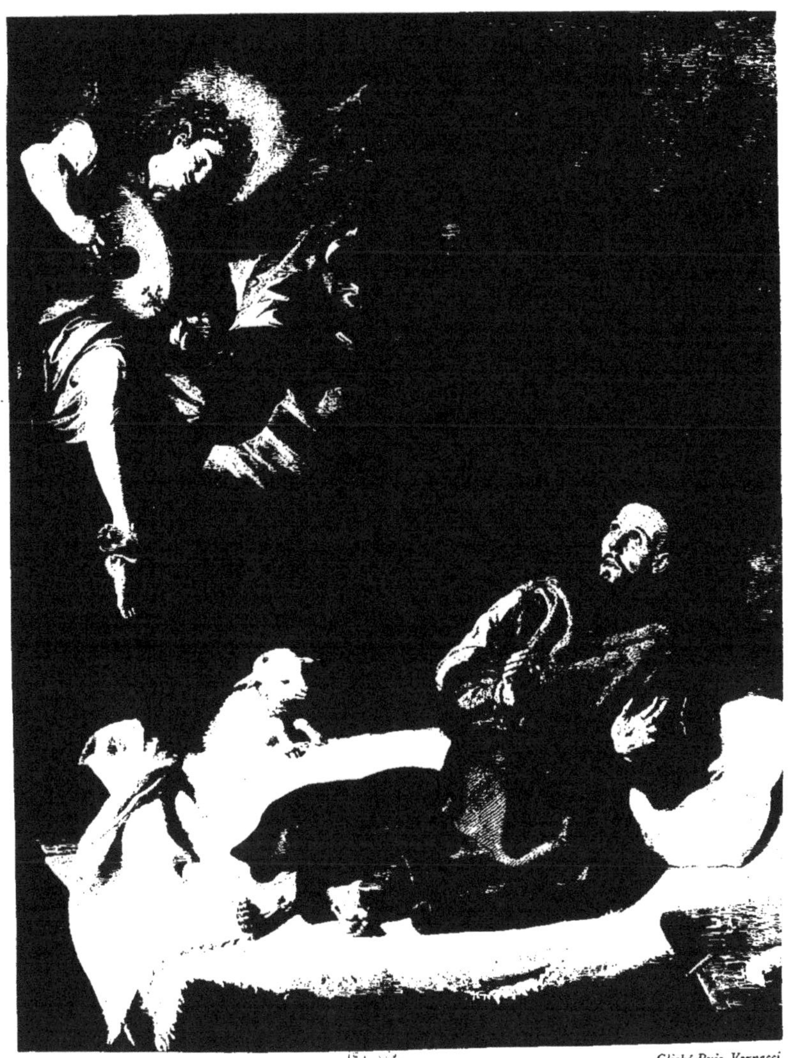

Cliché Ruiz Vernacci.

Francisco Ribalta.
Saint François d'Assise.
(Musée du Prado, Madrid.)

Pl. XXXI.

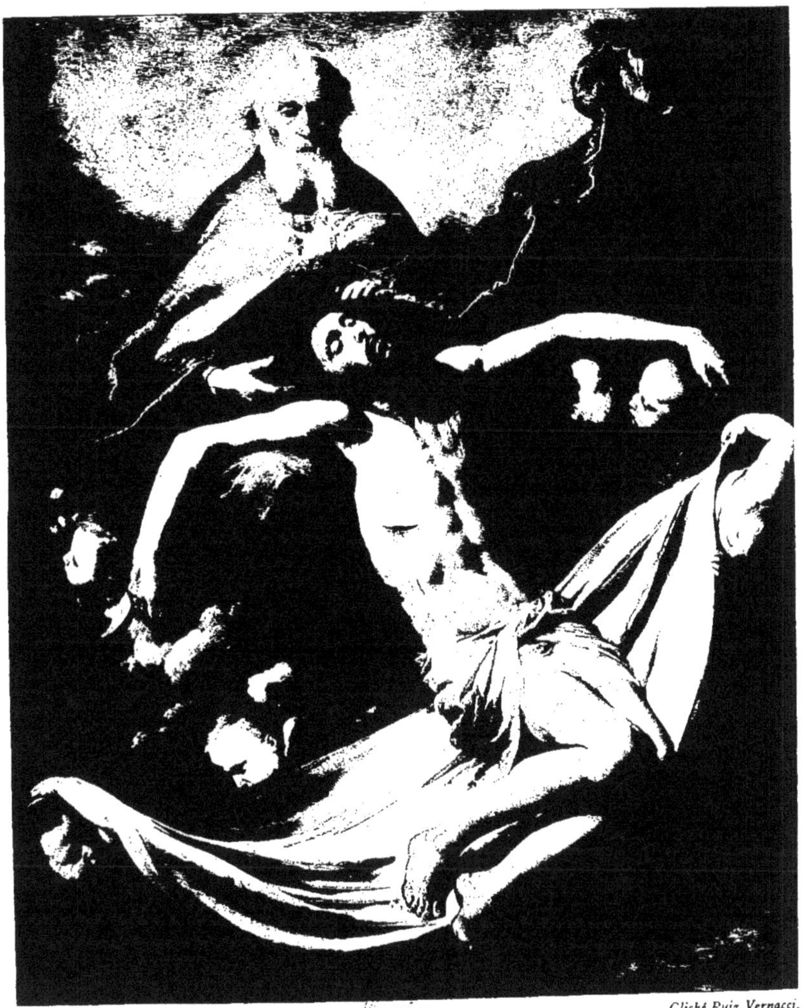

Cliché Ruiz Vernacci.

José de Ribera.
La Trinité.
(Musée du Prado, Madrid.)

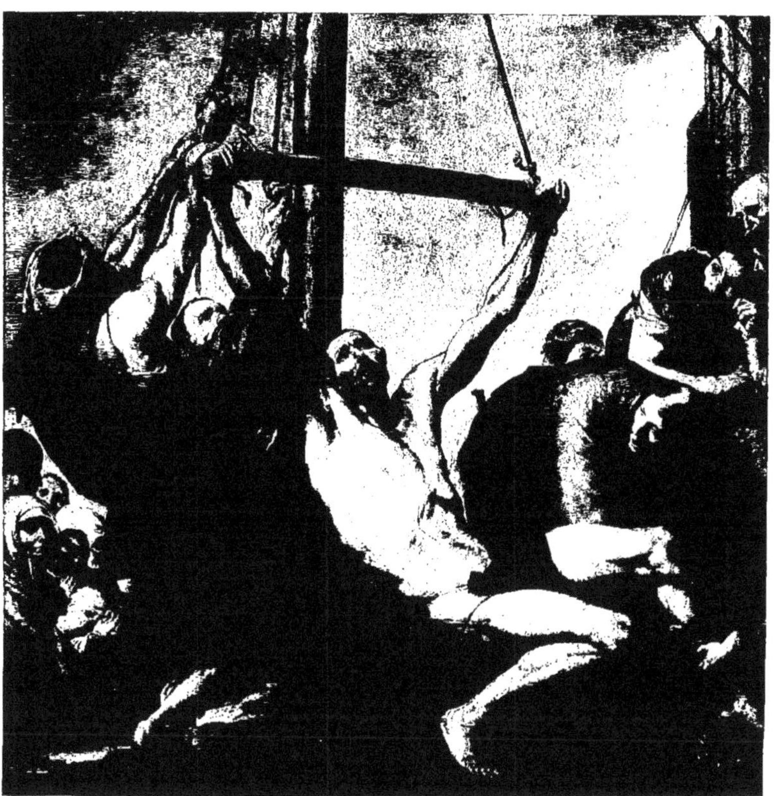

Cliché Ruiz Vernacci.

José de Ribera.
Martyre de saint Barthélemy.
(Musée du Prado, Madrid.)

Pl. XXXIII.

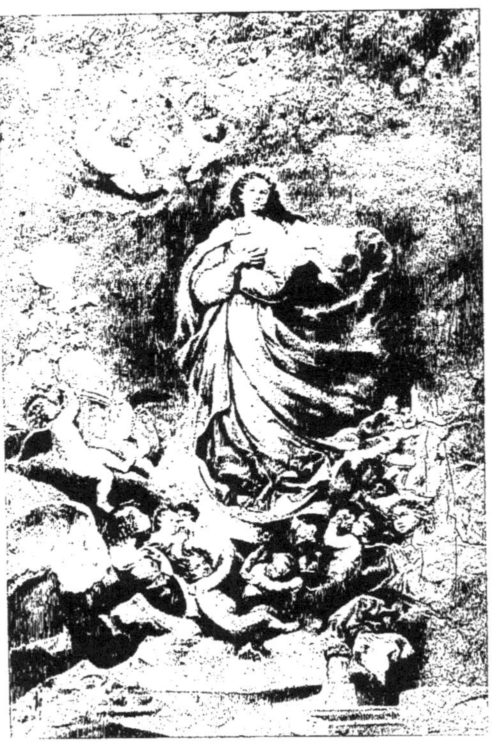

José de Ribera.
L'Immaculée Conception.
(Église des Augustins, Salamanque.)

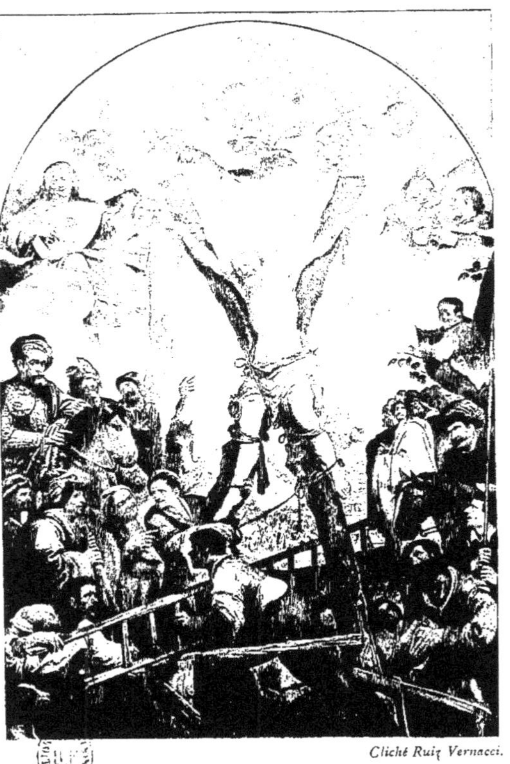

Cliché Ruiz Vernacci.

Juan de Roelas.
Martyre de saint André.
(Musée de Séville.)

Pl. XXXIV.

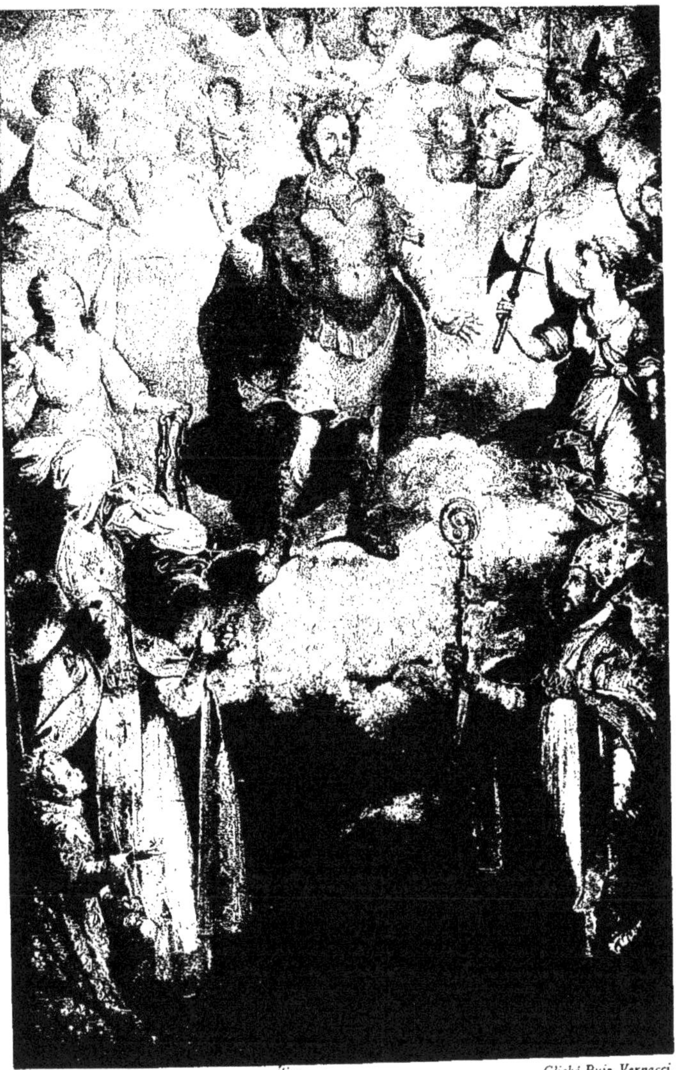

Cliché Ruiz Vernacci.

HERRERA le Vieux.
Saint Herménégilde.
(Musée de Séville.)

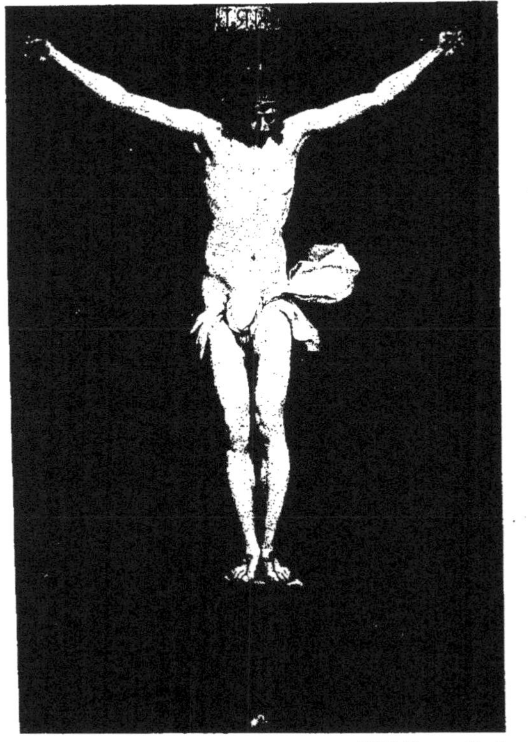

Cliché Hauser y Menet.

Alonso Cano.
Le Christ en croix.
(Académie de San Fernando, Madrid.)

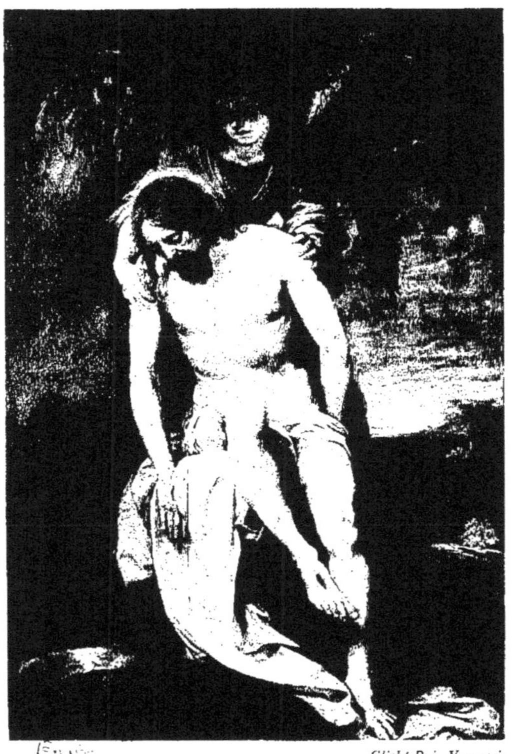

Cliché Ruiz Vernacci.

Alonso Cano.
Le Christ mort soutenu par un ange.
(Musée du Prado, Madrid.)

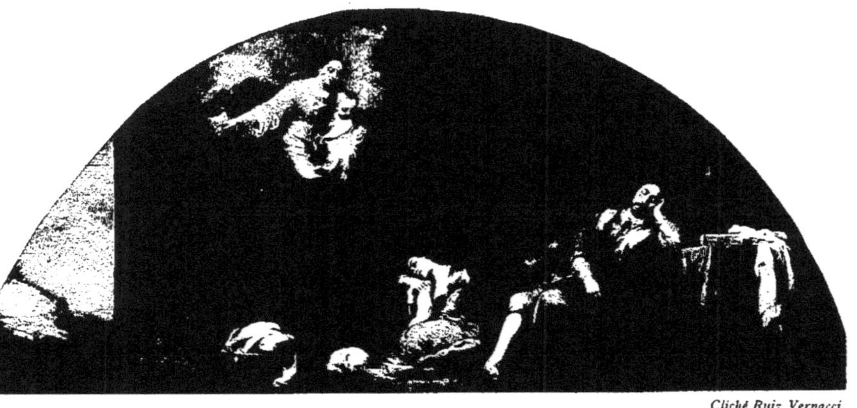

Cliché Ruiz Vernacci.

Bartolomé Esteban Murillo.
Le Songe du patricien.
(Musée du Prado, Madrid.)

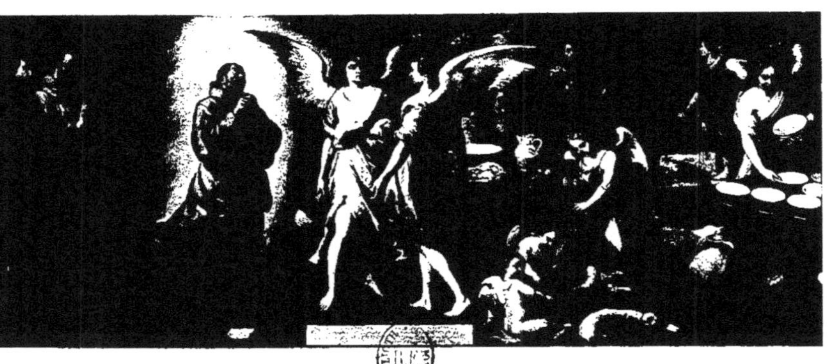

Bartolomé Esteban Murillo.
La Cuisine des anges.
(Musée du Louvre, Paris.)

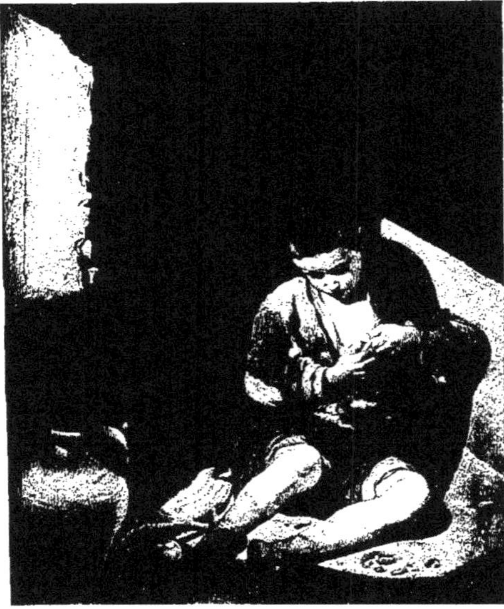

Ciché J.-E. Bulloz.

Bartolomé Esteban Murillo.
Jeune mendiant.
(Musée du Louvre, Paris.)

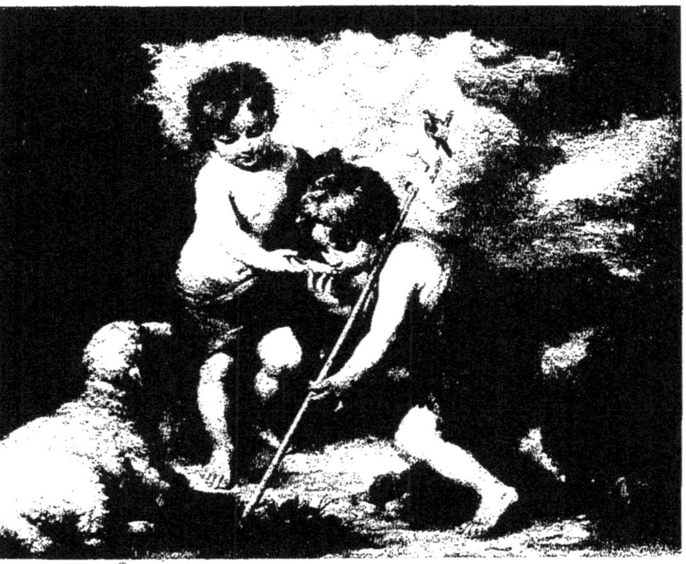

Cliché Ruiz Vernacci.

Bartolomé Esteban Murillo.
L'Enfant Jésus et le jeune saint Jean (" L'Enfant à la coquille ").
(Musée du Prado, Madrid.)

Pl. XXXVIII.

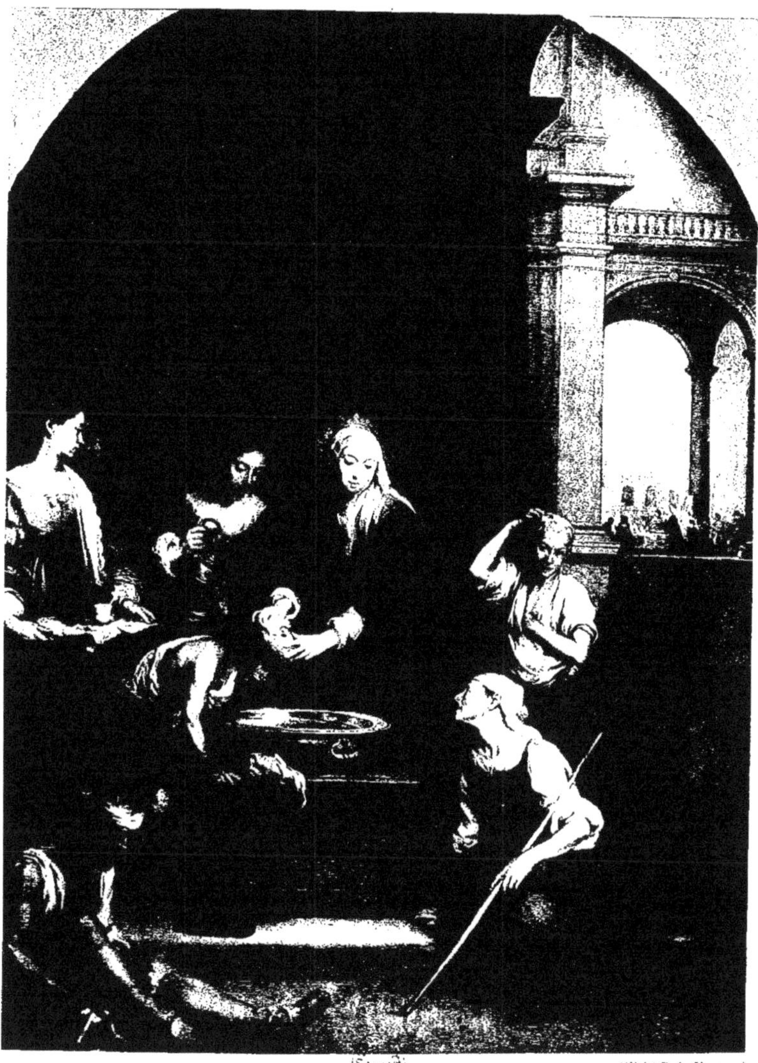

Cliché Ruiz Vernacci.

Bartolomé Esteban Murillo.
Sainte Élisabeth de Hongrie pansant les teigneux.
(Musée du Prado, Madrid.)

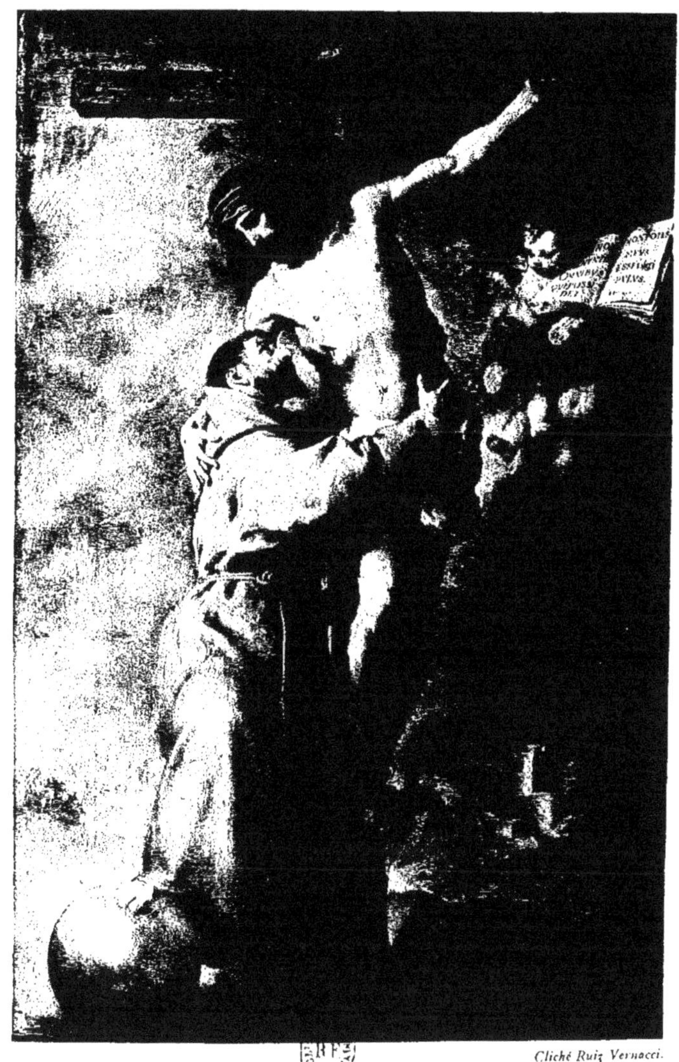

Cliché Ruiz Vernacci.

Bartolomé Esteban Murillo.
Saint François d'Assise renonçant au monde.
(Musée de Séville.)

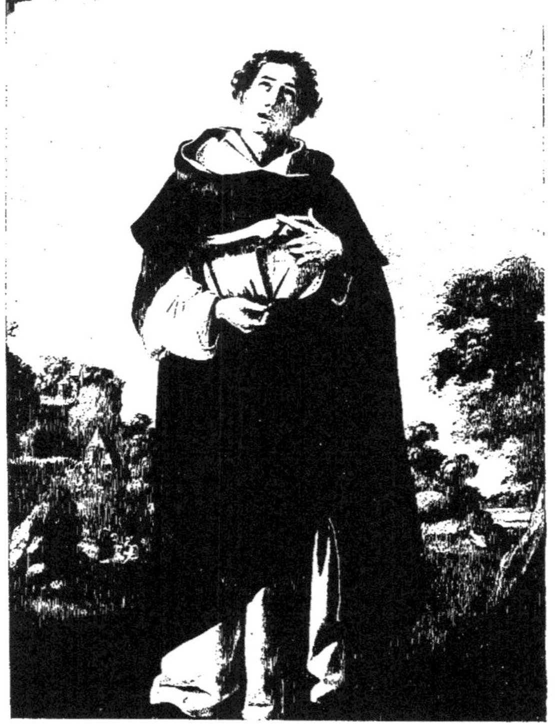

Cliché Ruiz Vernacci.

Francisco de ZURBARAN.
Le bienheureux Enrique Luzon.
(Musée de Séville.)

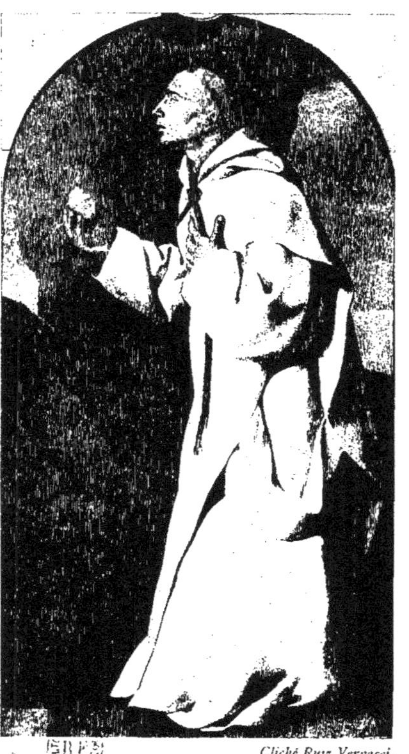

Cliché Ruiz Vernacci.

Francisco de ZURBARAN.
Un chartreux martyr.
(Musée de Cadix.)

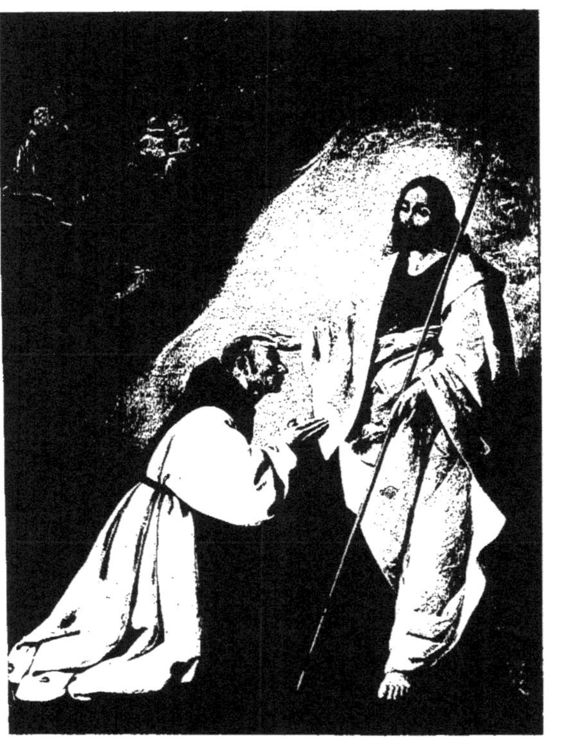

Francisco de Zurbaran.
Jésus-Christ apparaissant au Père Salmeron.
(Monastère de Guadalupe.)

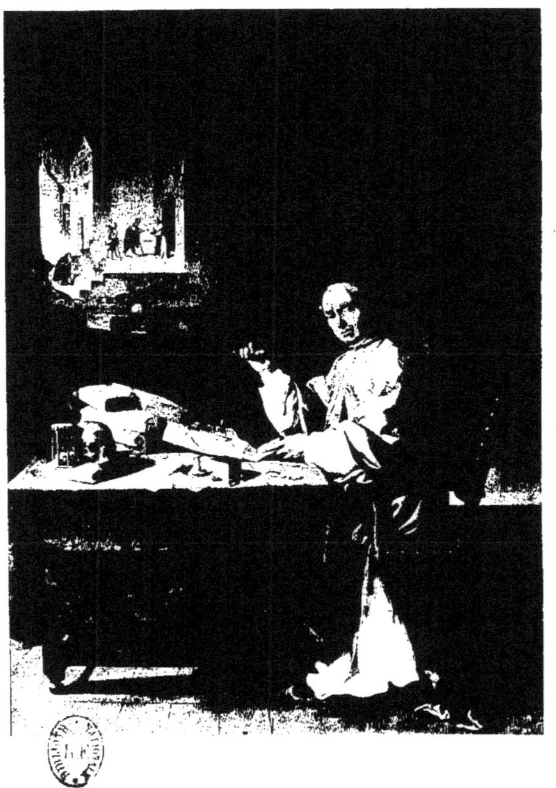

Francisco de Zurbaran.
Le Père Gonzalo de Illescas.
(Monastère de Guadalupe.)

Pl. XLII.

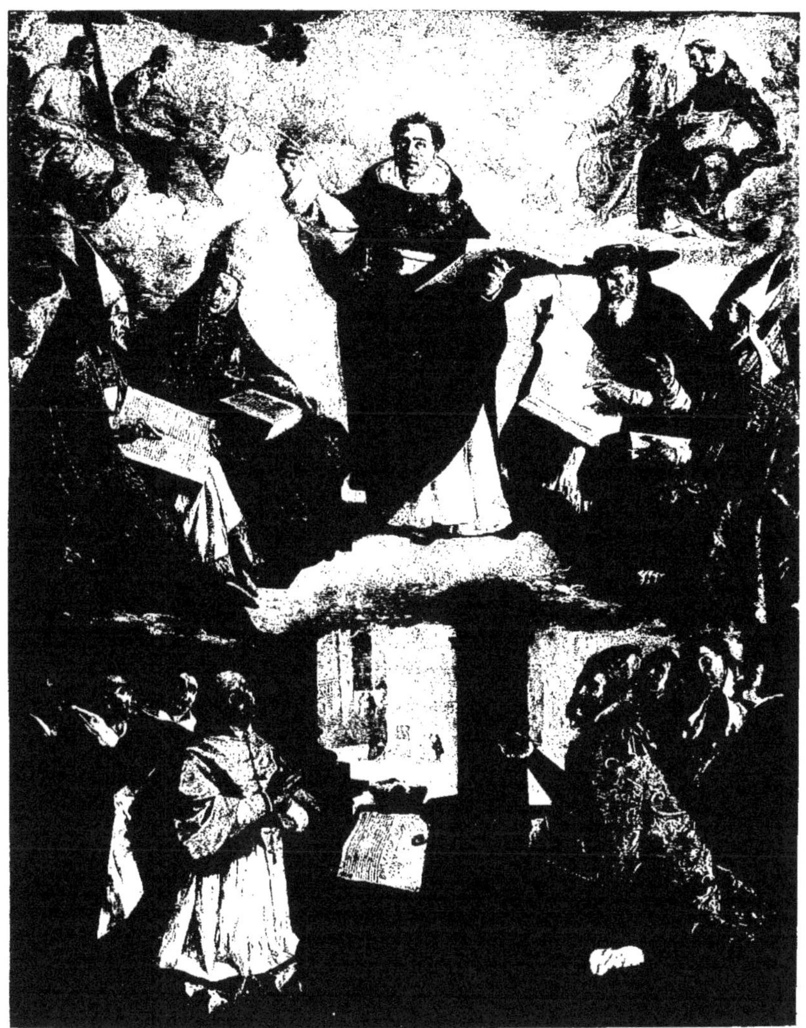

Cliché Ruiz Vernacci.

Francisco de ZURBARAN.
Apothéose de saint Thomas d'Aquin.
(Musée de Séville.)

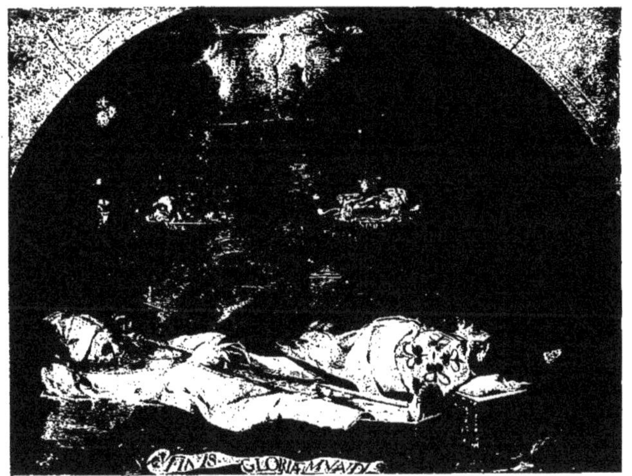

Cliché Ruiz Vernacci.

Juan de Valdés Leal.
" Finis gloriæ mundi ".
(Église de l'hôpital de la Charité, Séville.)

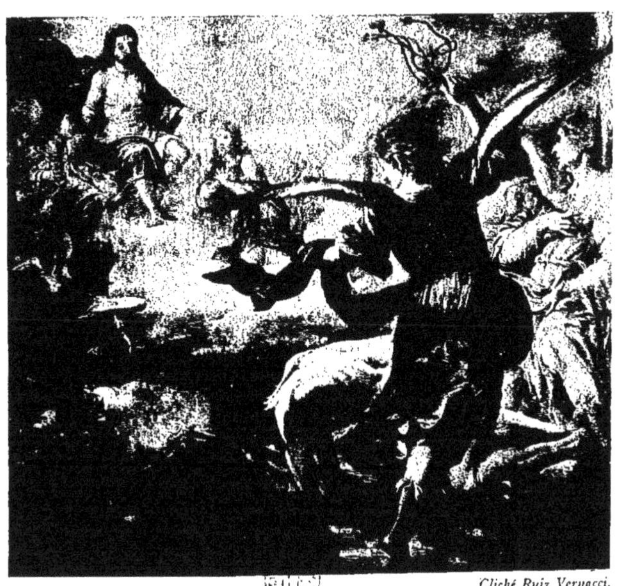

Cliché Ruiz Vernacci.

Juan de Valdés Leal.
Saint Jérôme flagellé par les anges.
(Musée de Séville.)

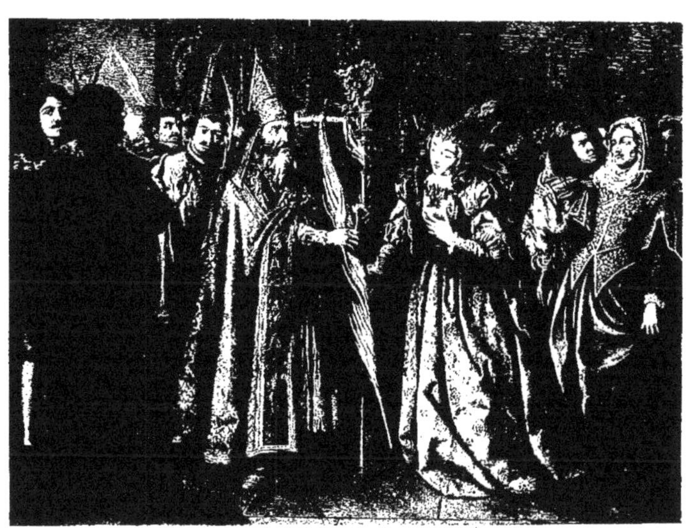

Juan de Valdés Leal
Sainte Claire recevant la palme.
(Collection George Bonsor, château de Mairena del Alcor.)

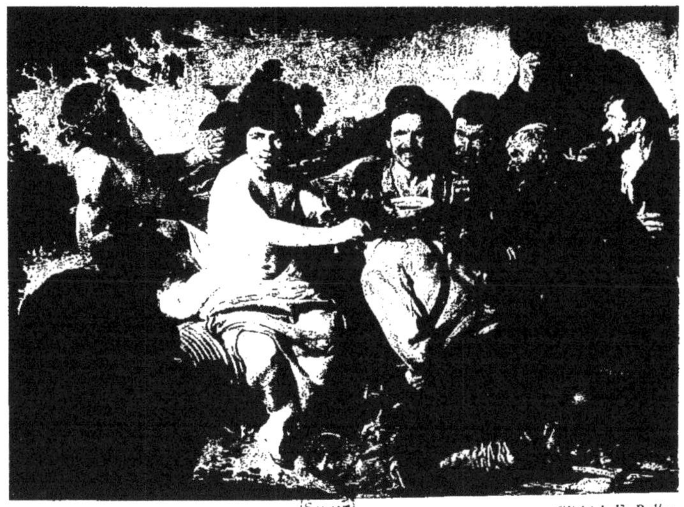

Cliché J.-E. Bulloz.

Diego Velazquez.
Les Buveurs.
(Musée du Prado, Madrid.)

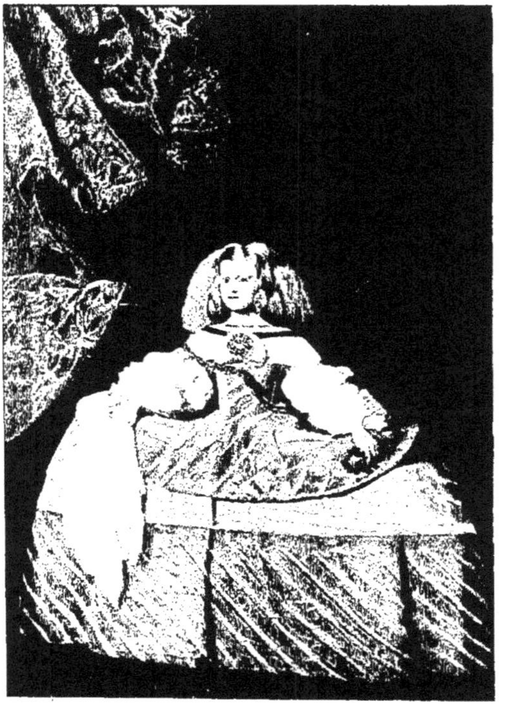

Diego Velazquez.
Portrait de l'infante Marguerite-Marie d'Autriche.
(Musée du Prado, Madrid.)

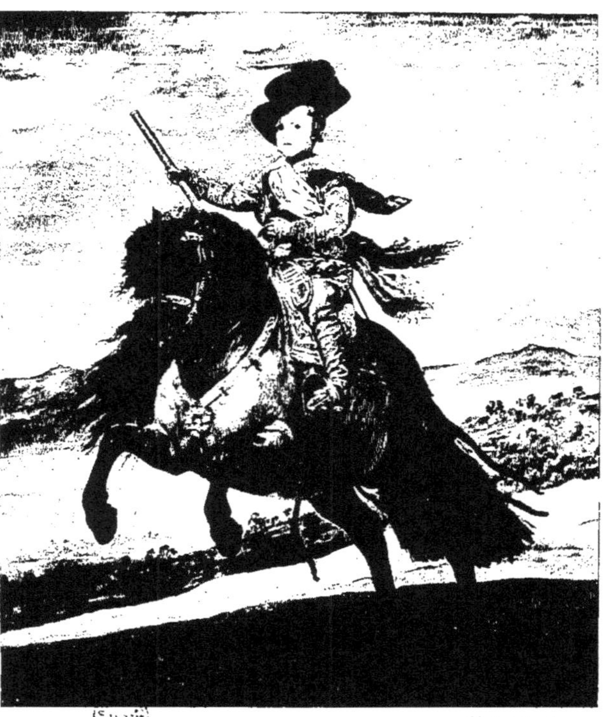

Cliché Ruiz Vernacci.

Diego Velazquez.
Portrait de l'infant Baltasar Carlos.
(Musée du Prado, Madrid.)

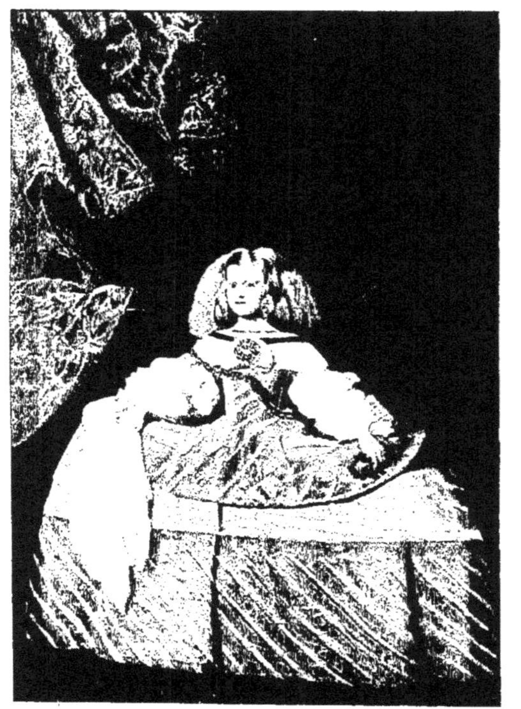

Diego Velazquez.
Portrait de l'infante Marguerite-Marie d'Autriche.
(Musée du Prado, Madrid.)

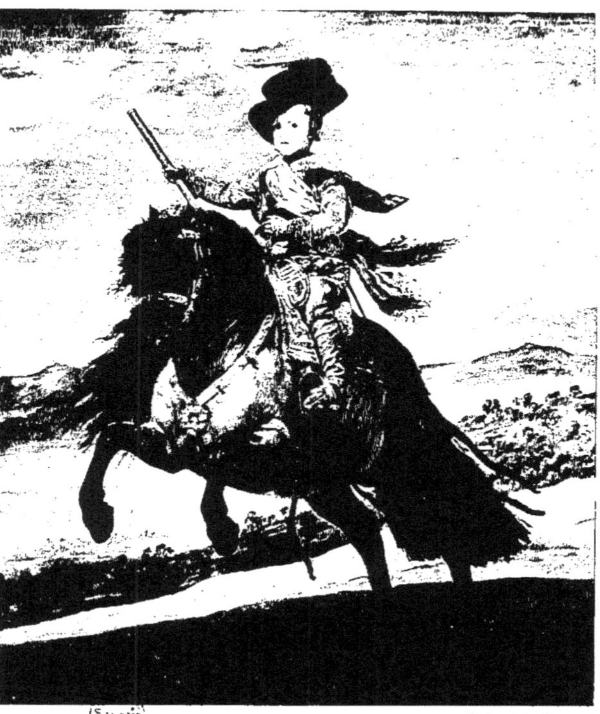

Cliché Ruiz Vernacci.

Diego Velazquez.
Portrait de l'infant Baltasar Carlos.
(Musée du Prado, Madrid.)

Pl. XLVI.

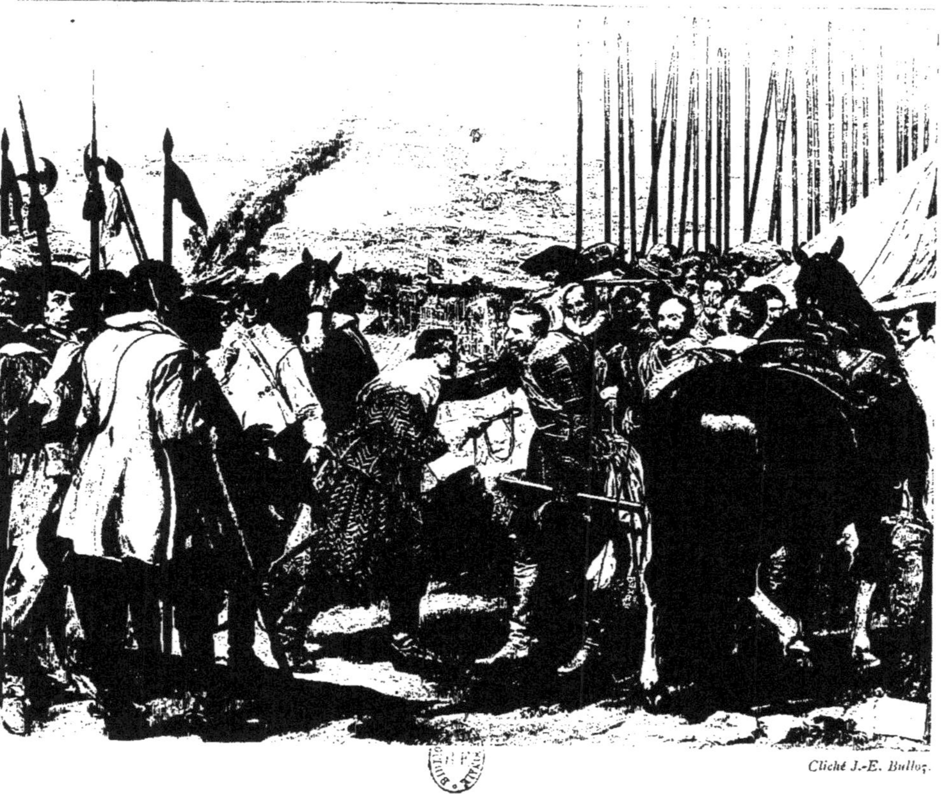

Cliché J.-E. Bulloz.

Diego Velazquez.
La Reddition de Breda au général Ambrosio Spinola ("Les Lances").
(Musée du Prado, Madrid.)

Pl. XLVII.

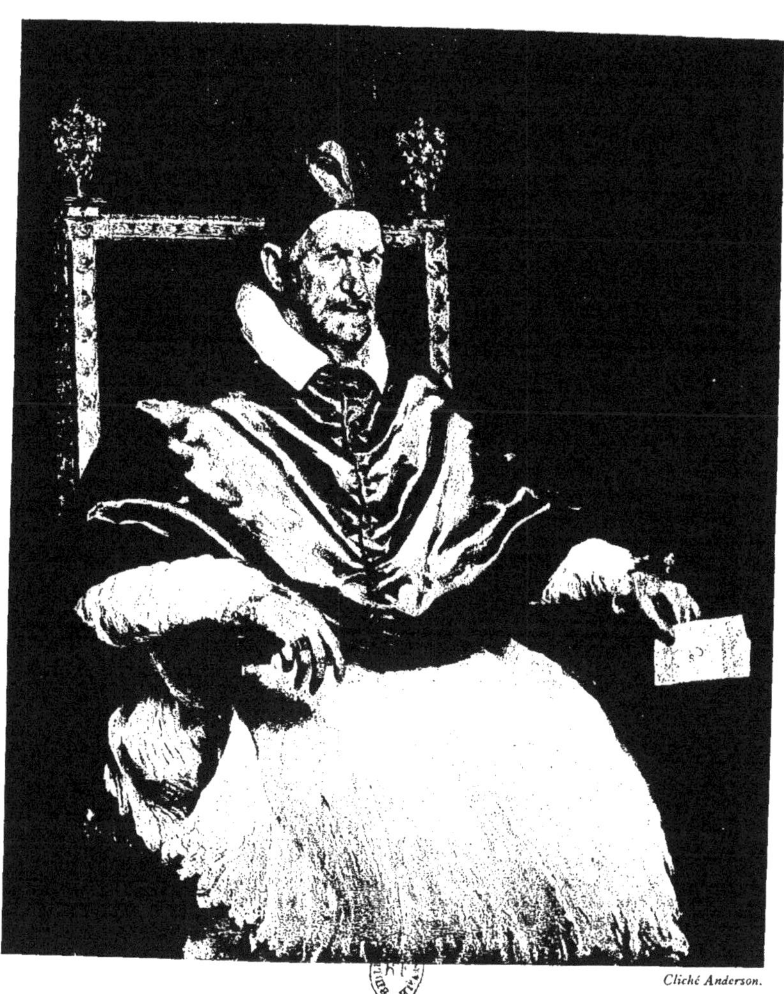

Cliché Anderson.

Diego Velazquez.
Portrait du pape Innocent X.
(Galerie Doria, Rome.)

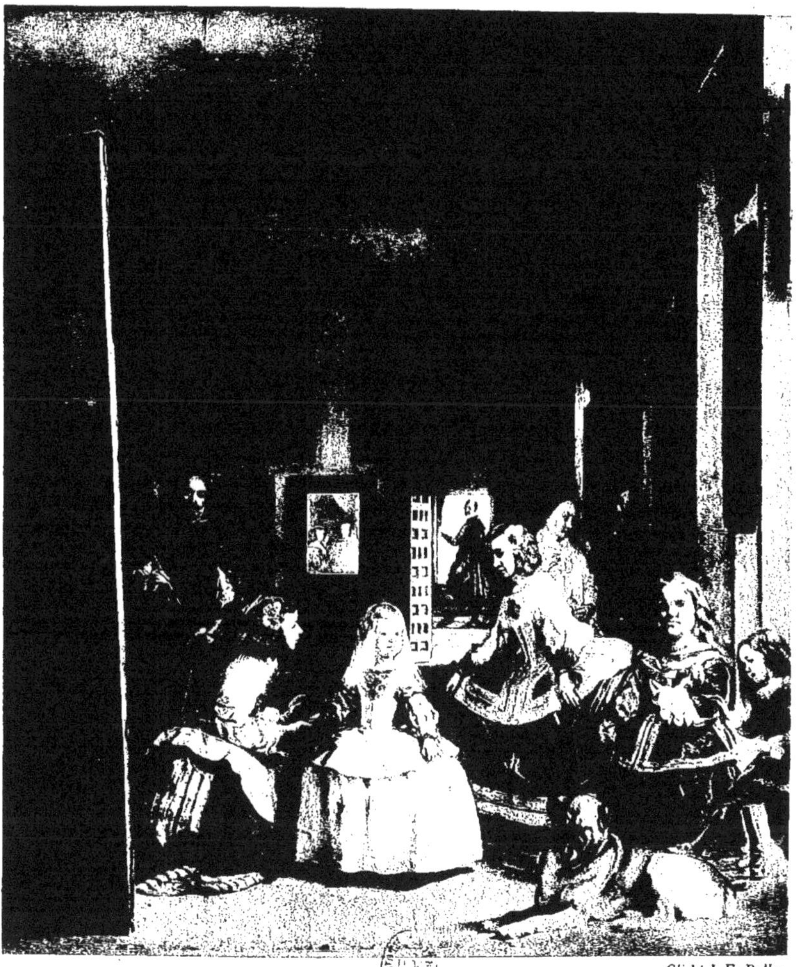

Cliché J.-E. Bulloz.

Diego Velazquez.
Les Ménines.
(Musée du Prado, Madrid.)

Pl. XLIX.

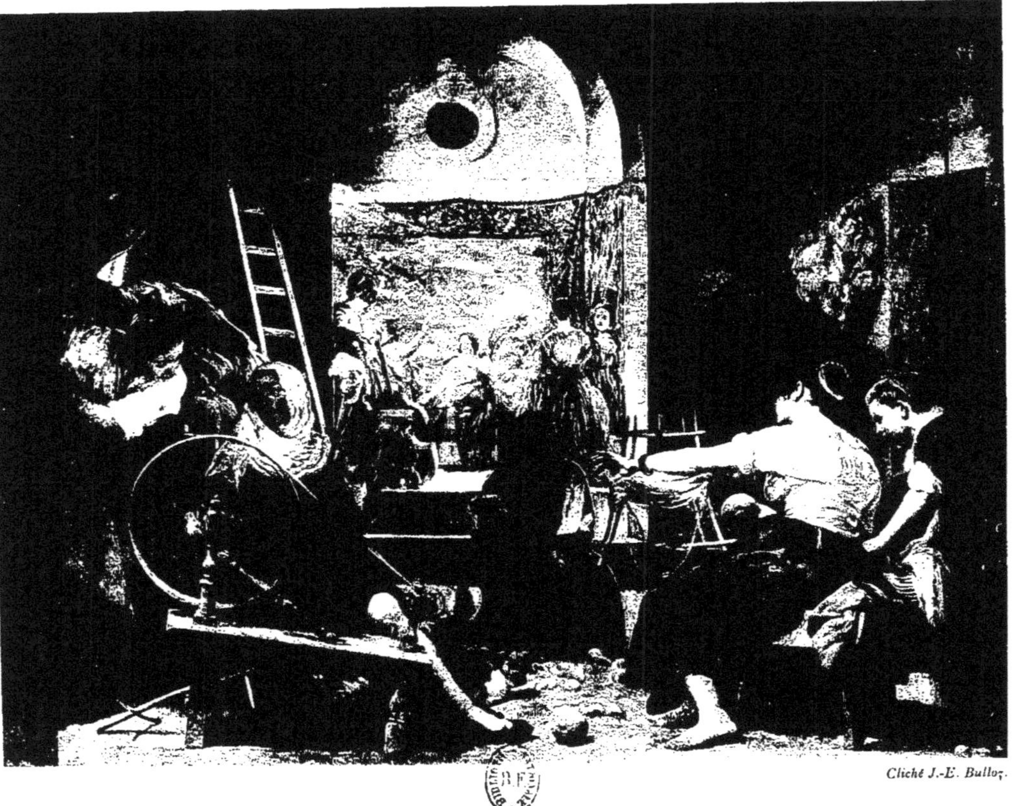

Cliché J.-E. Bulloz.

Diego Velazquez.
La Manufacture de tapis de Santa Isabel, à Madrid ("Les Fileuses").
(Musée du Prado, Madrid.)

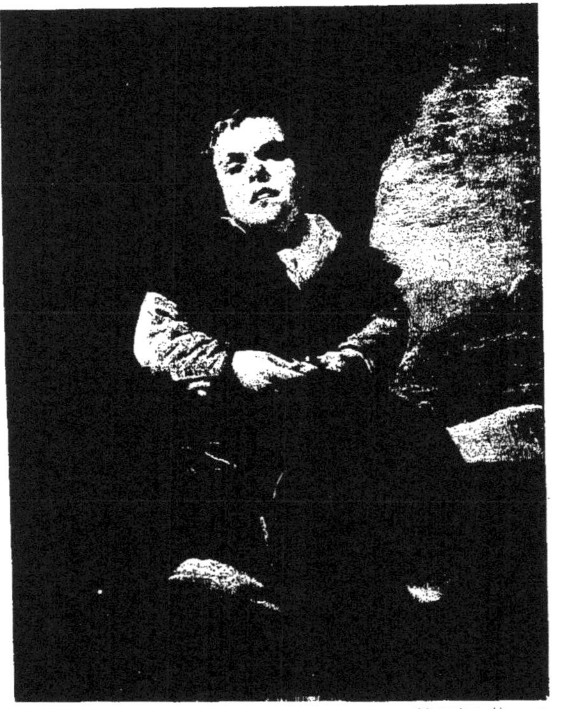

Cliché Ruiz Vernacci.

Diego VELAZQUEZ.
“ L'Enfant de Vallecas ”.
(Musée du Prado, Madrid.)

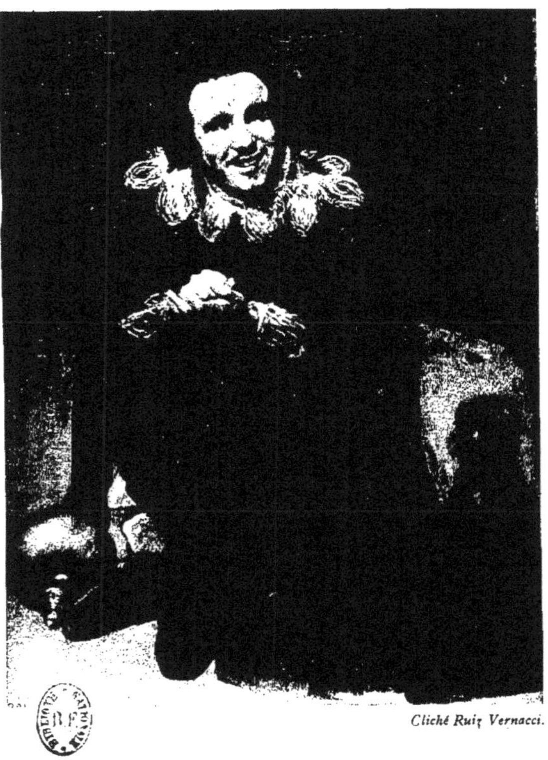

Cliché Ruiz Vernacci.

Diego VELAZQUEZ.
“ L'Idiot de Coria ”.
(Musée du Prado, Madrid.)

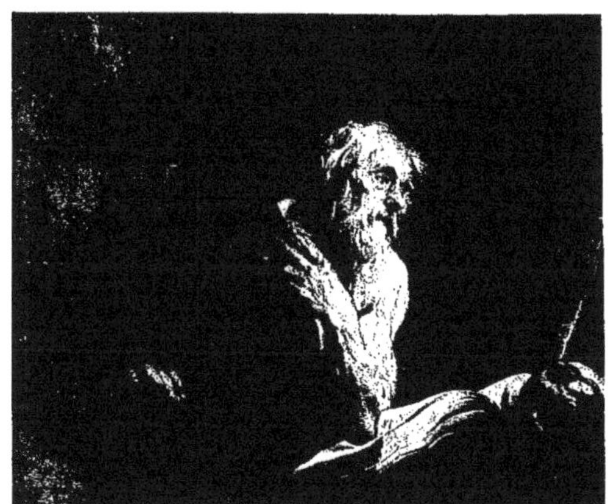

Mateo Cerezo. *Cliché Hauser y Menet.*
Saint Jérôme.
(Académie de San Fernando, Madrid.)

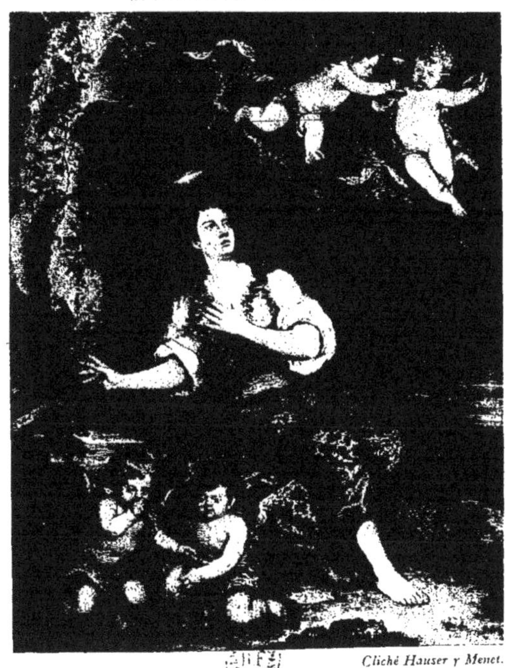

Cliché Hauser y Menet.

José Antolinez.
Sainte Madeleine.
(Collection de Mme Isabel Lopez, Madrid.)

Pl. LII.

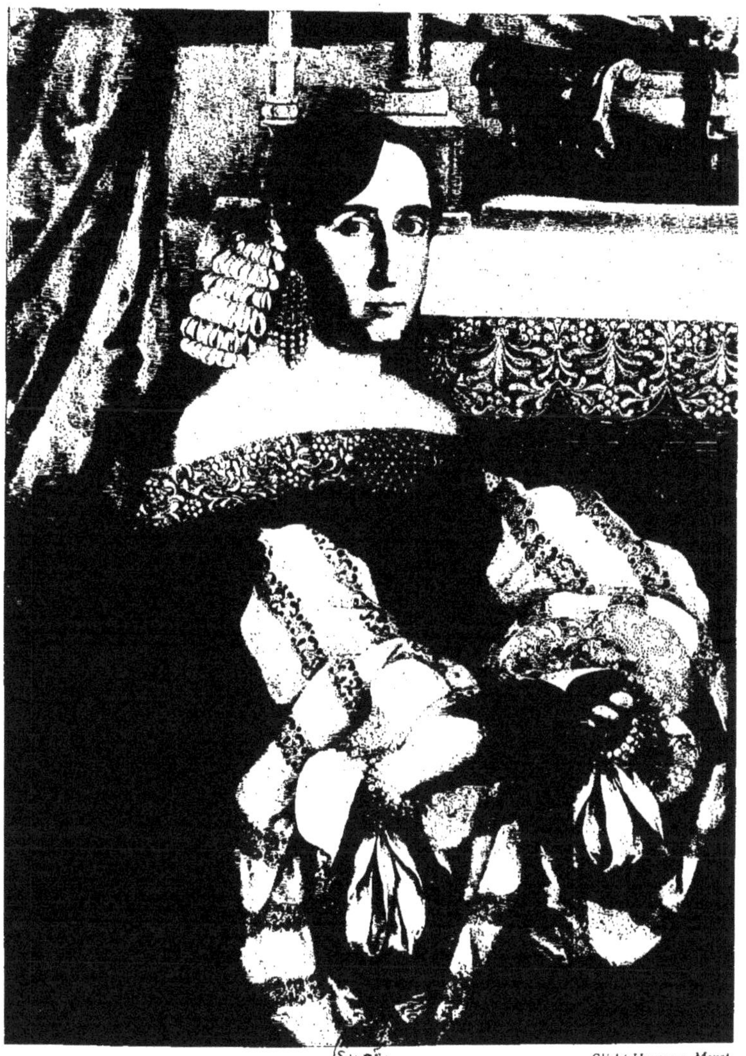

Cliché Hauser y Menet.

Juan Carreño de Miranda.
Portrait de dame inconnue.
(Collection Scott et Fowler, New-York.)

Pl. LIII.

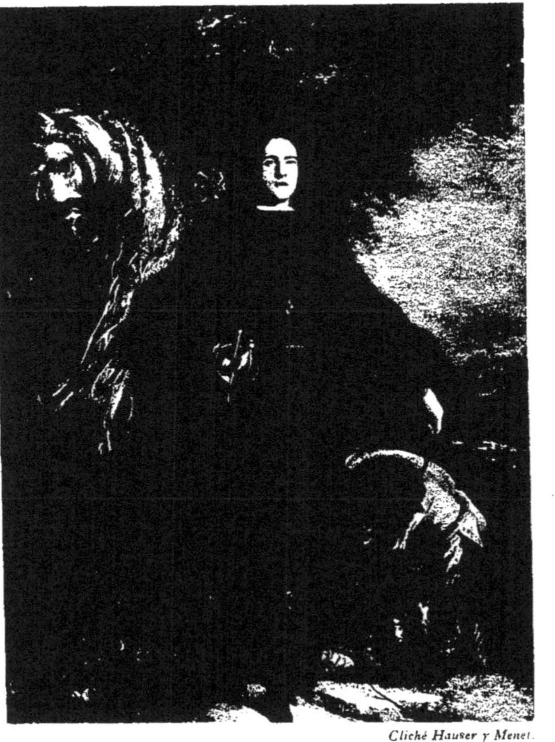

Cliché Hauser y Menet.

Juan Carreno de Miranda.
Portrait d'homme inconnu.
(Musée du Prado, Madrid.)

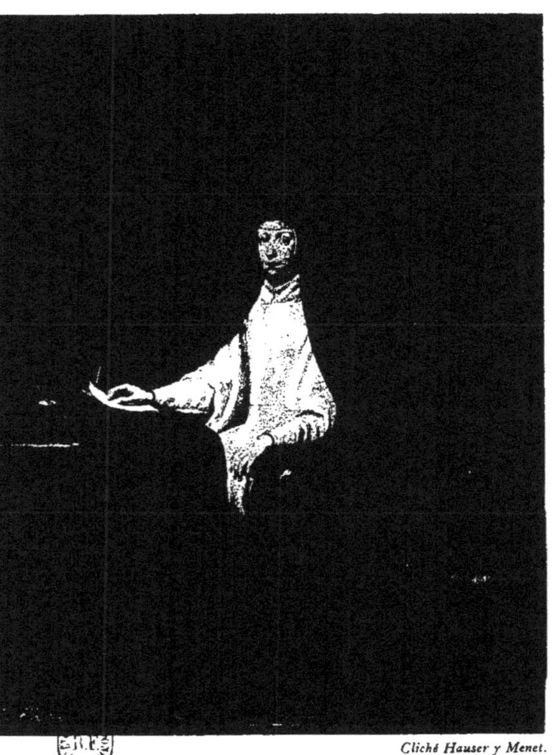

Cliché Hauser y Menet.

Juan Carreno de Miranda.
Portrait de la reine Marianne d'Autriche.
(Musée du Prado, Madrid.)

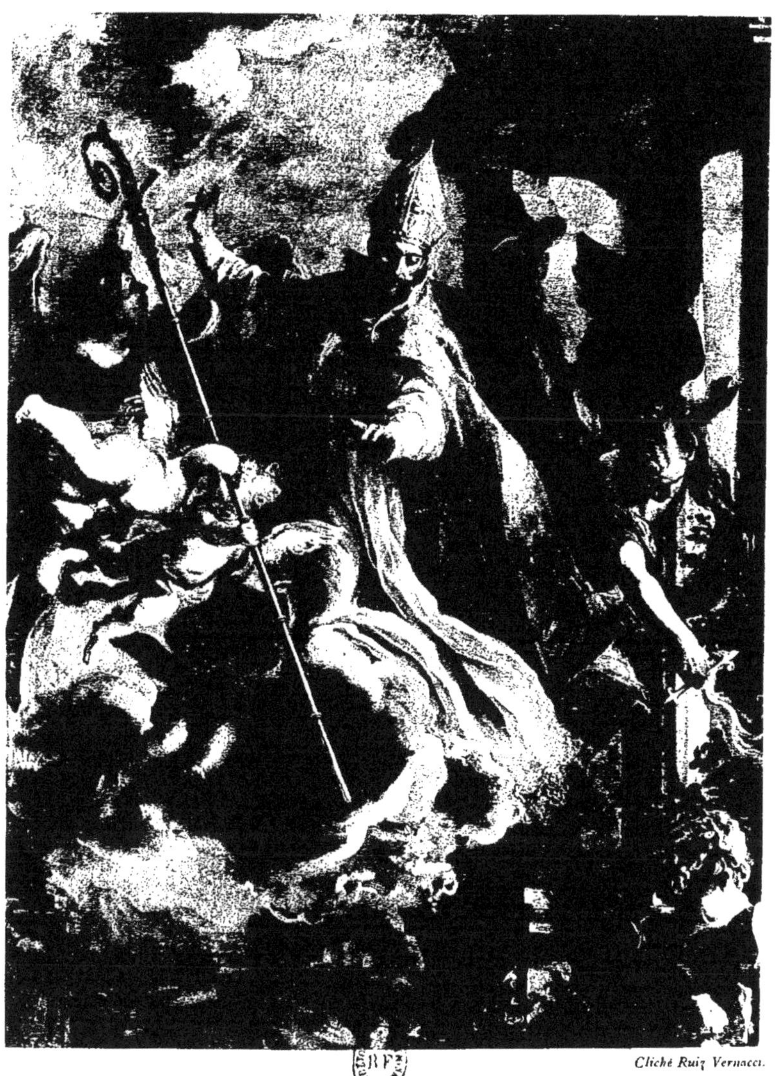

Cliché Ruiz Vernacci.

Claudio Coello.
Apothéose de saint Augustin.
(Musée du Prado, Madrid.)

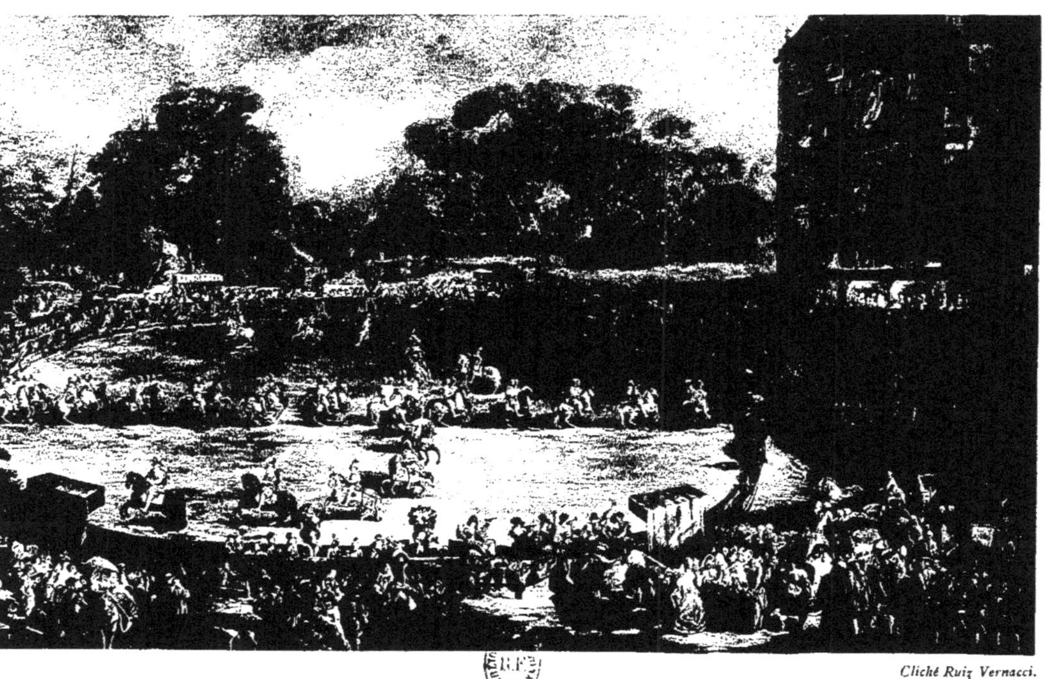

Cliché Ruiz Vernacci.

Luis Paret y Alcazar.
Carrousel à Aranjuez.
(Musée du Prado, Madrid.)

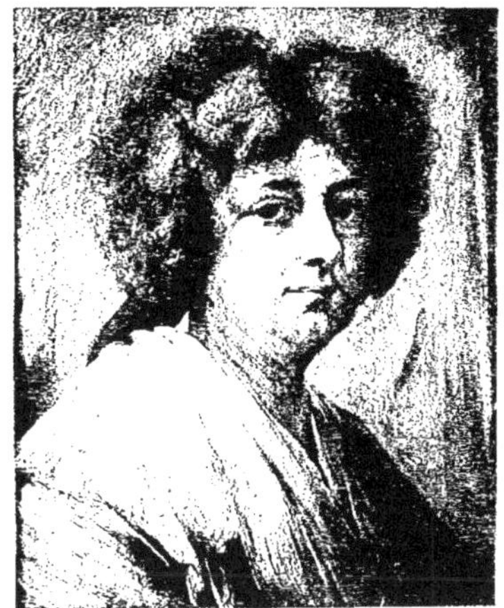

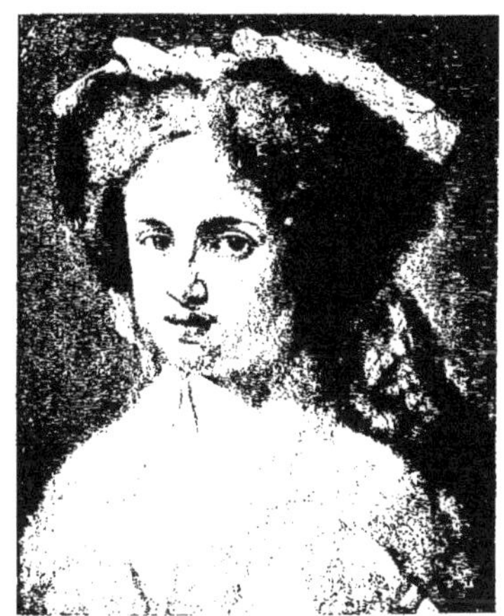

Cliché Mora Insa.

Francisco Bayeu.
Portraits de femmes.
(Musée de Saragosse.)

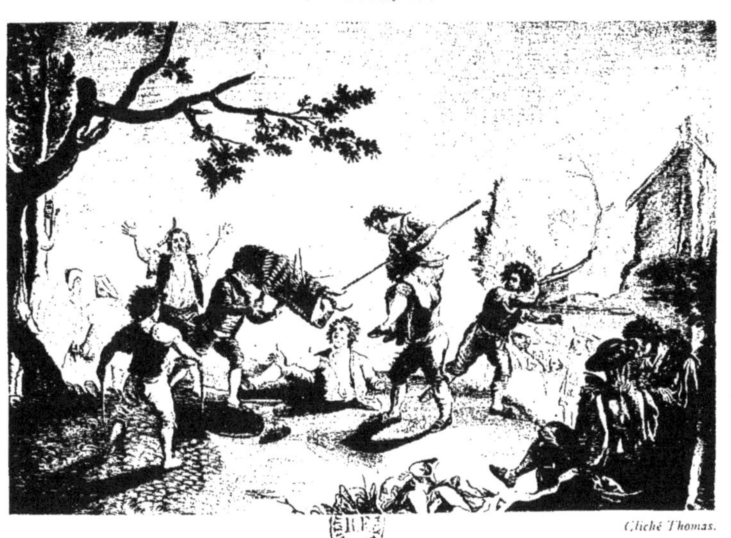

Cliché Thomas.

Francisco Bayeu (d'après le carton de)
Le jeu de la "vaquilla",
tapisserie.
(Collection de S. M. le roi d'Espagne, Madrid.)

Pl. LVII.

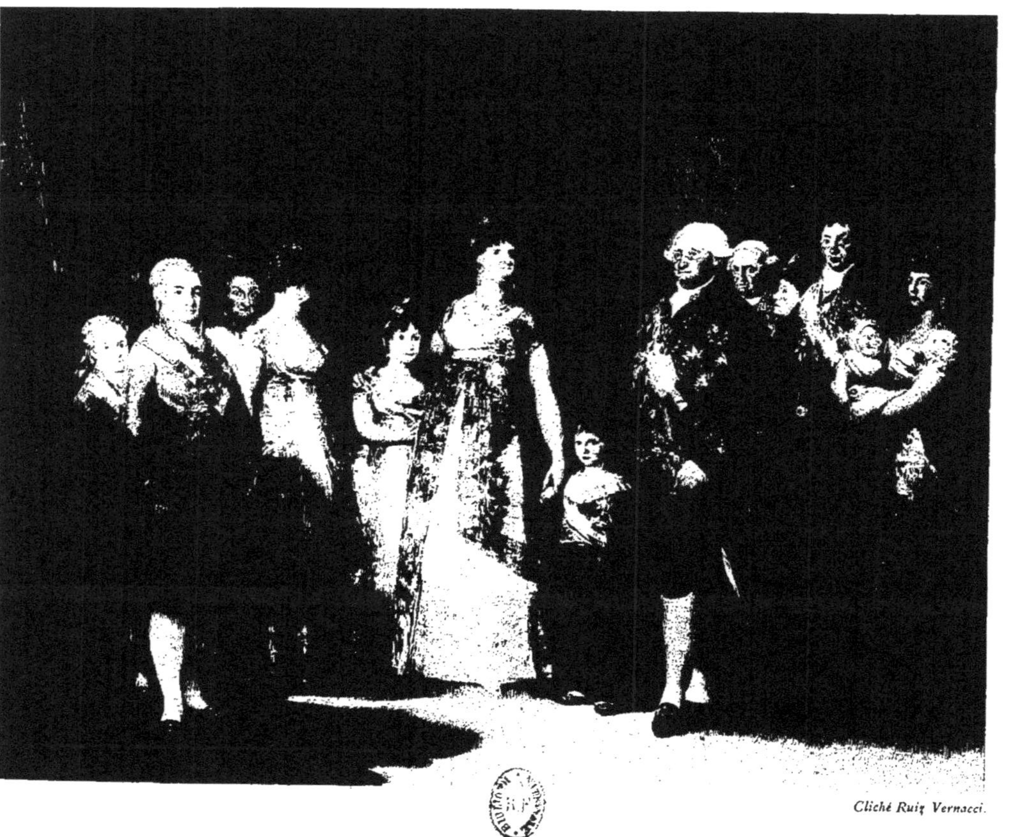

Cliché Ruiz Vernacci.

Francisco Goya.
La Famille de Charles IV.
(Musée du Prado, Madrid.)

Pl. LVIII.

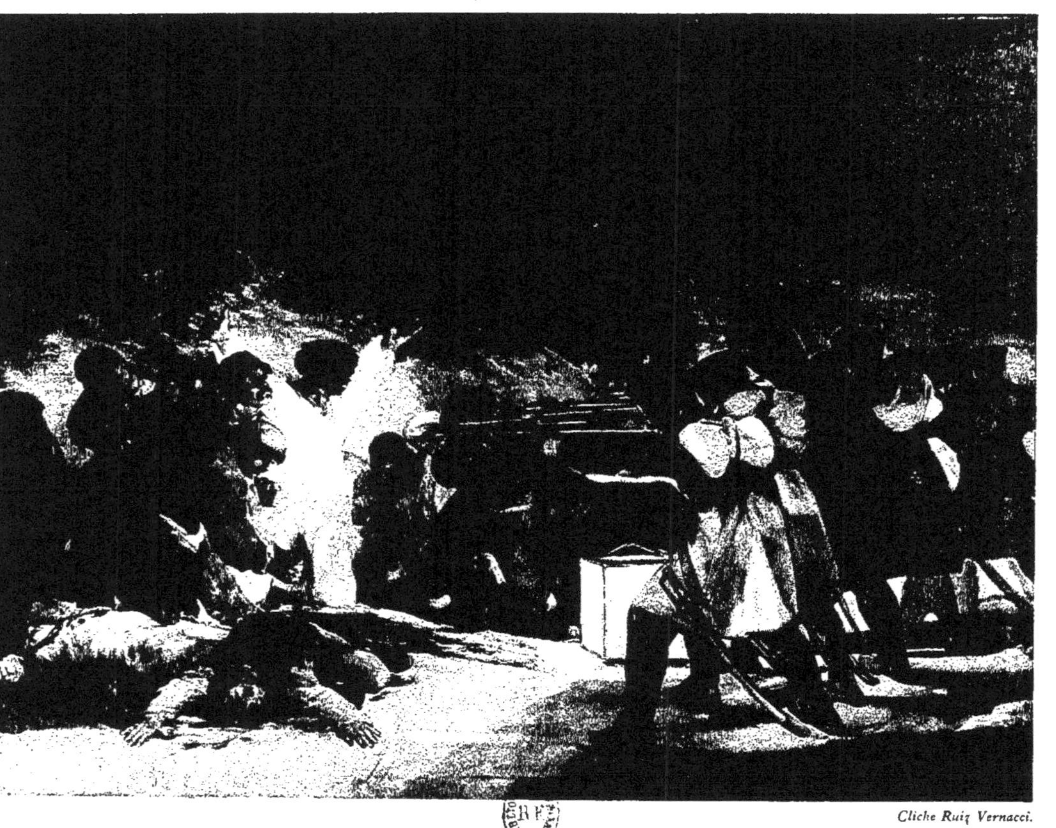

Cliche Ruiz Vernacci.

Francisco Goya.
" Le 3 mai 1808 ".
(Musée du Prado, Madrid.)

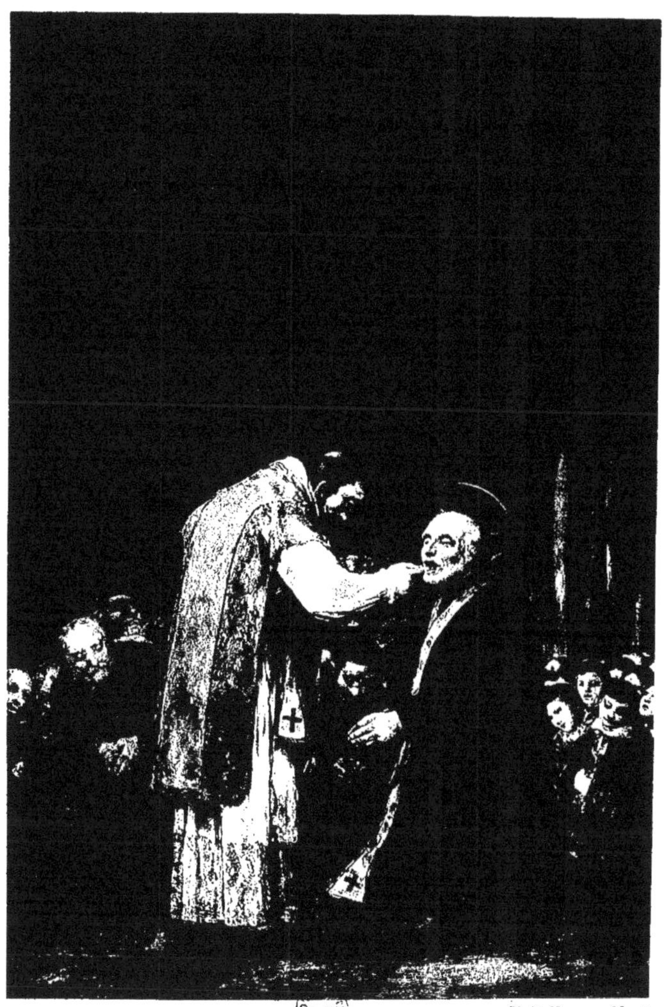

Cliché Hauser y Menet.

Francisco Goya.
La Communion de saint Joseph de Calasanz.
(Église San Antonio, Madrid.)

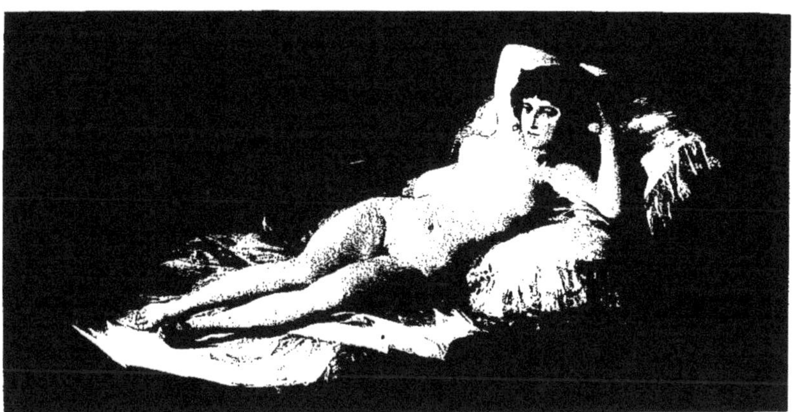

Cliché Ruiz Vernacci.

Francisco Goya.
La Maja nue.
(Musée du Prado, Madrid.)

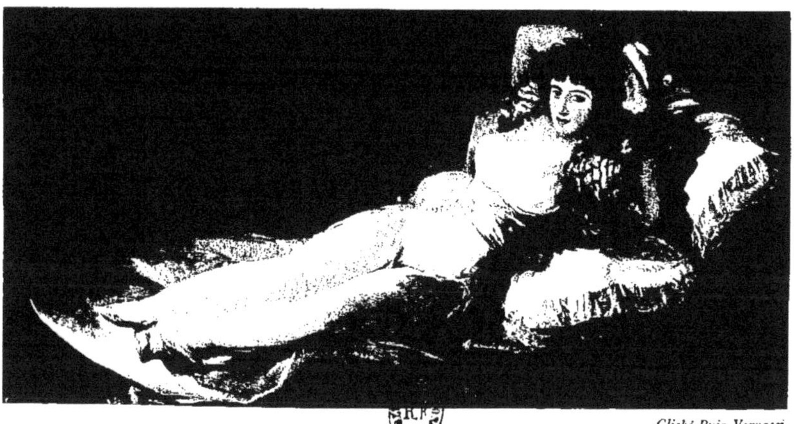

Cliché Ruiz Vernacci.

Francisco Goya.
La Maja vêtue.
(Musée du Prado, Madrid.)

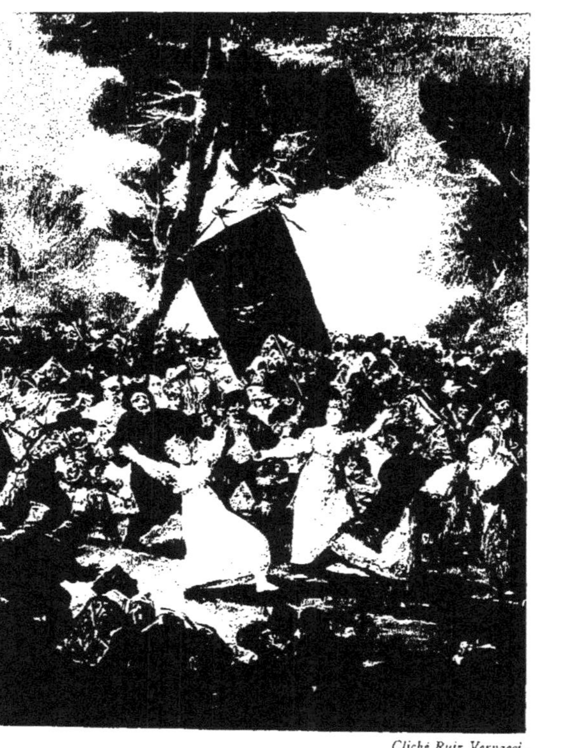

Cliché Ruiz Vernacci.

Francisco Goya.
L'Enterrement de la sardine.
(Académie de San Fernando, Madrid.)

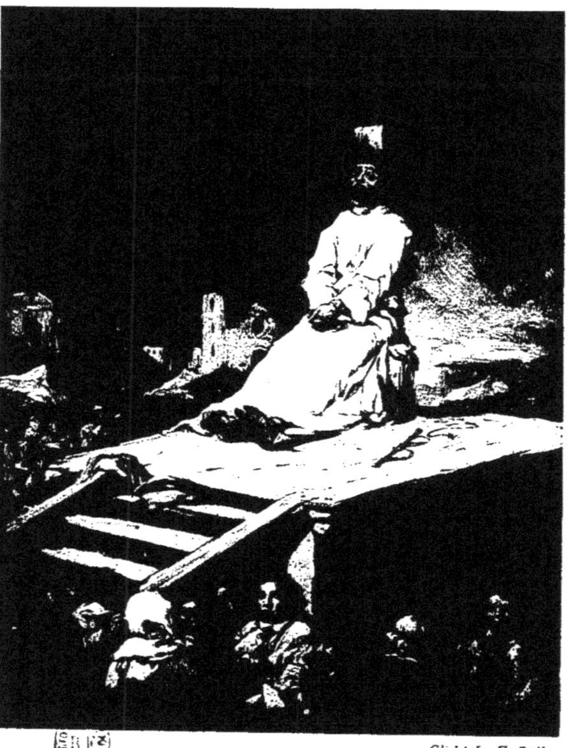

Cliché L.-E. Bulloz.

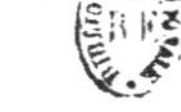

Francisco Goya.
Le Garrot.
(Musée de Lille.)

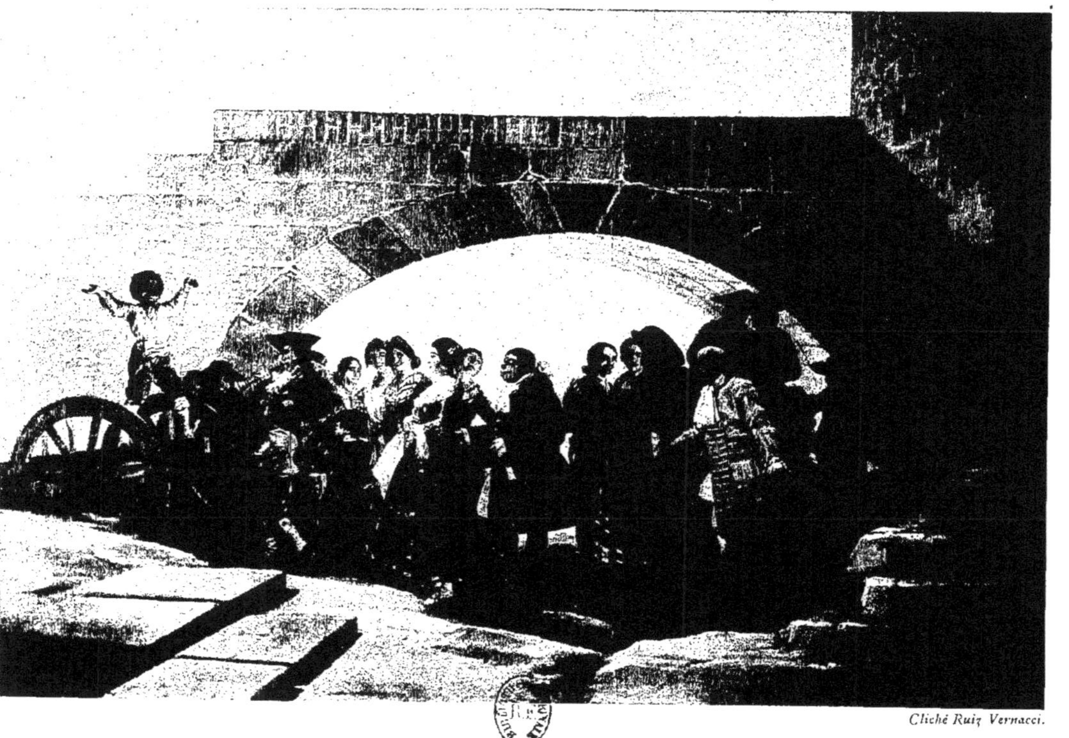

Cliché Ruiz Vernacci.

Francisco Goya.
La Noce,
carton de tapisserie.
(Musée du Prado, Madrid.)

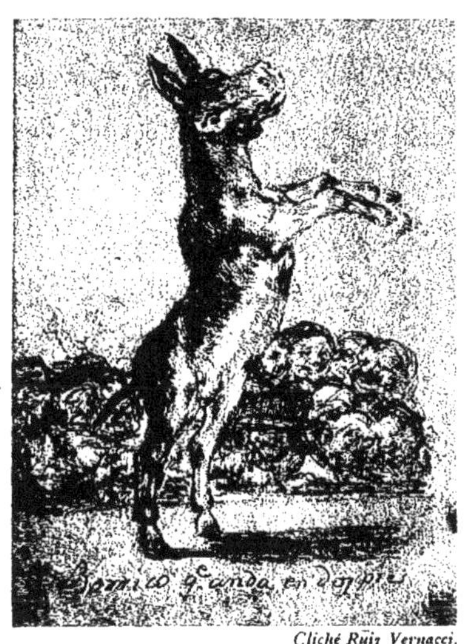

Cliché Ruiz Vernacci.

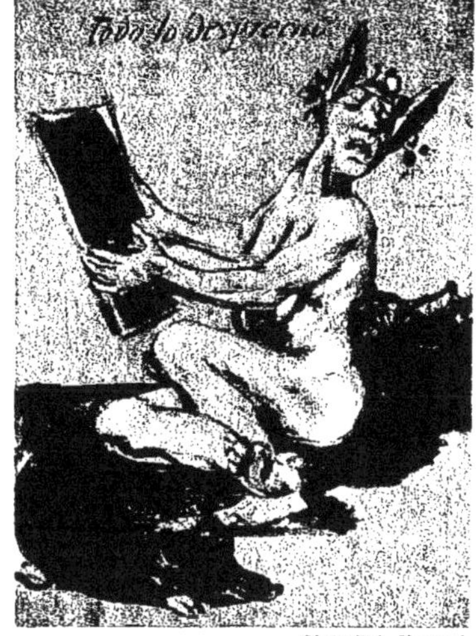

Cliché Ruiz Vernacci.

Francisco Goya.
« Ane marchant sur deux pieds », « Souverain mépris »,
dessins.
(Musée du Prado, Madrid.)

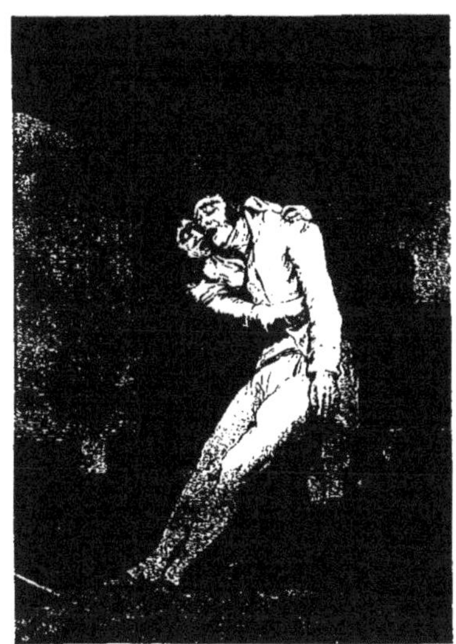

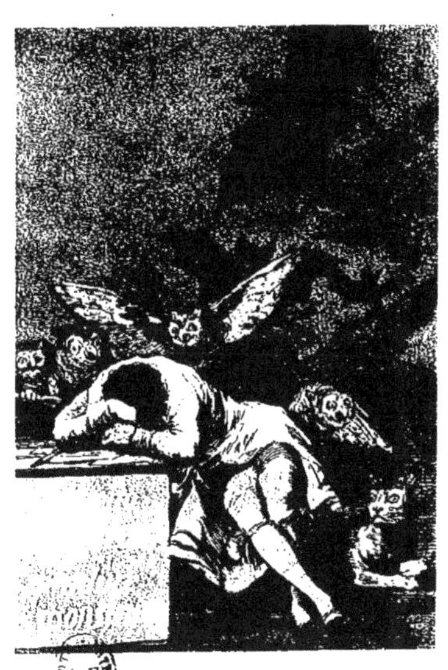

Francisco Goya.
« L'Amour et la Mort ». « Le Sommeil de la raison enfante des monstres »,
eaux-fortes de la série des « Caprices ».

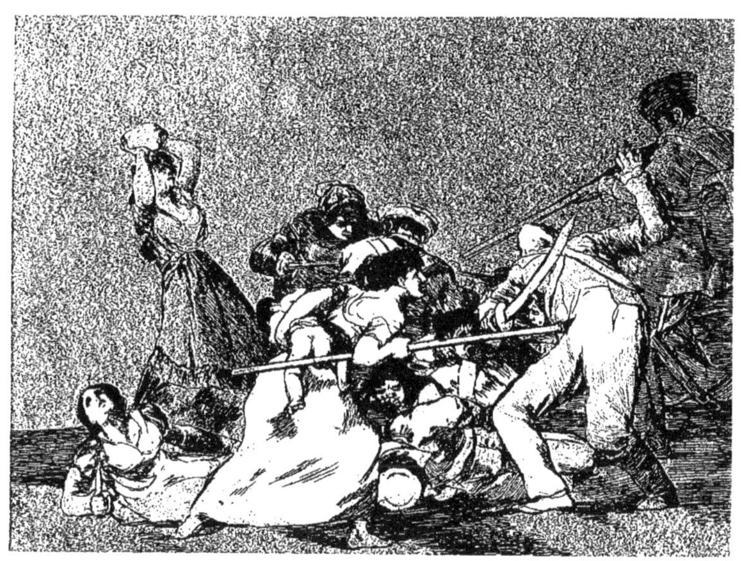

Francisco Goya.
" Ce sont des bêtes féroces ",
eau-forte de la série des " Désastres de la guerre ".

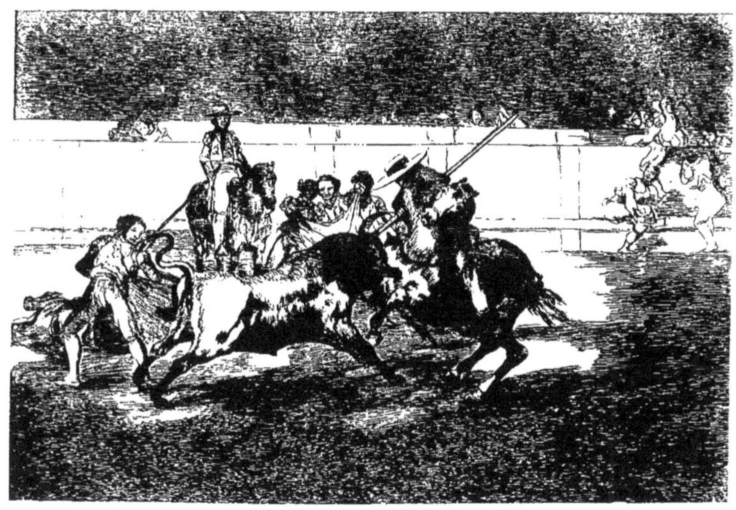

Francisco Goya.
" Le courageux Rendon piquant un taureau, qu'il tua d'un coup
dans la place de Madrid ",
eau-forte de la " Tauromachie ".

www.ingramcontent.com/pod-product-compliance
Ingram Content Group UK Ltd.
Pitfield, Milton Keynes, MK11 3LW, UK
UKHW021144260726
13994UKWH00001B/298